Las Siete Maravillas del mundo antiguo

Humanidades

Kai Brodersen

Las Siete Maravillas del mundo antiguo

El libro de bolsillo
Historia
Alianza Editorial

Título original: *Die Sieben Weltwunder. Legendäre Kunst-und Bauwerke der Antike*
Traductor: Francisco Javier Martínez García

Diseño de cubierta: Ángel Uriarte
Ilustración de cubierta: Martin Heemskerck. *Grabado coloreado de El Coloso de Rodas.* © Bettmann / CORBIS

Calle Juan Ignacio Luca de Tena, 15;
28027 Madrid; teléfono 91 393 88 88
www.alianzaeditorial.es
ISBN: 978-84-206-4978-8
Depósito legal: M. 12.218-2010
Composición: Grupo Anaya
Impreso en Fernández Ciudad, S. L.
Printed in Spain

Prefacio

«¡No lo sabía!» Entre dos entradas de una lista de las maravillas del mundo que realizó un copista medieval aparece esta exclamación. El copista no sabía exactamente qué obras se incluían entre las Siete Maravillas del mundo antiguo. ¿Nos pasa a nosotros lo mismo?

Las Pirámides de Egipto, las Murallas de Babilonia, los Jardines Colgantes de Babilonia, la Estatua de Zeus en Olimpia, el Templo de Ártemis en Éfeso, el Mausoleo de Halicarnaso y el Coloso de Helios en Rodas son las Siete Maravillas del mundo según las listas más antiguas conservadas.

A excepción de las Pirámides, ninguno de estos legendarios edificios y obras de arte ha llegado hasta nosotros. Sin embargo, desde la Antigüedad todos ellos han estimulado el imaginario de los hombres. En el curso de la historia han sido muy diferentes las maneras de responder a la cuestión de

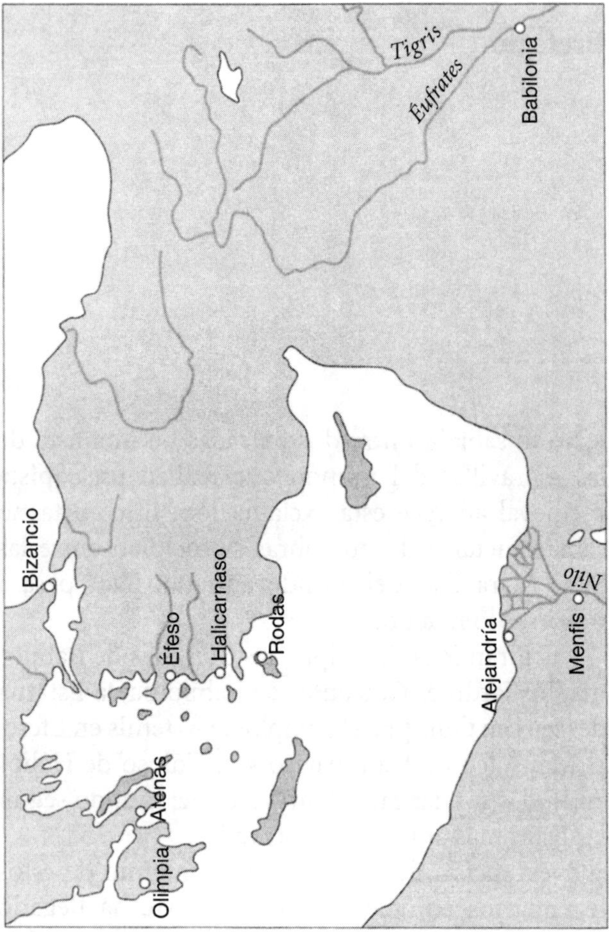

FIGURA 1. El mundo de las Siete Maravillas

qué pertenecía a las Siete Maravillas del mundo, e incluso a cuántas maravillas había. En consecuencia, este libro, ya en su séptima edición, tratará de dar respuesta a qué eran las maravillas del mundo y de las ideas, a veces fantásticas, que se tenía de ellas.

Y como los mejores guías de un mundo imaginario son los propios autores coetáneos, en este libro harán frecuente uso de la palabra autores antiguos y medievales: historiadores y geógrafos, oradores y eruditos, viajeros y poetas, y, entre ellos, naturalmente también el copista mencionado al comienzo.

Ojalá que de este modo, después de leer este libro, nadie que se tope con las Siete Maravillas del mundo pueda exclamar: «¡No lo sabía!».

KAI BRODERSEN
Mannheim

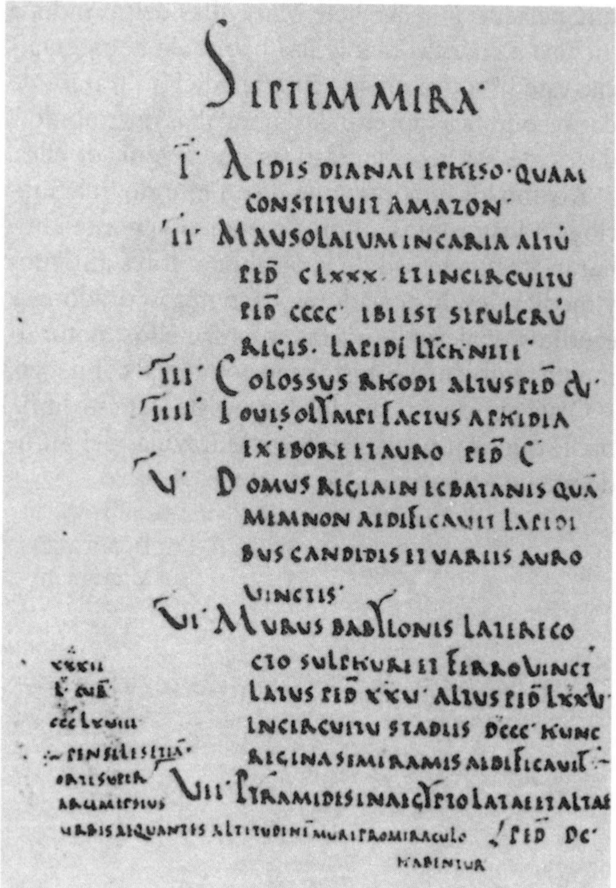

FIGURA 2. *Septem Mira.* Lista latina de las maravillas del mundo en el *Codex Vaticanus Latinus* 4929, fol. 149v.

1. Presentación de las Siete Maravillas del mundo

Las listas más antiguas de las maravillas del mundo

A principios del siglo XX, en Berlín, al descomponerse el cartonaje hecho a base de papiros viejos del sarcófago de una momia egipcia procedente de Abusir-el-Melek, se descubrieron restos de un texto en griego antiguo escrito en uno de ellos. La obra data probablemente del siglo II a. C. e incluye listas de los más relevantes legisladores, pintores, escultores, fundidores de bronce, arquitectos e ingenieros, un catálogo de las «siete obras maestras» y otros tantos listados de las islas más grandes, de las montañas y de los ríos, así como de las fuentes y los lagos más hermosos.

De esta colección de listas, cuyo primer editor le asignó el nombre de *Laterculi Alexandrini*, no se han conservado más que unos pocos fragmentos legibles. Sin embargo, en la parte más importante todavía se pueden reconocer las siguientes palabras:

Las siete obras maestras
... el Artemisio [situado] en Éfeso,
las pirámides [situadas] en ...,
la tumba de Mausolo [situada] en Halicarnaso.

Los *Laterculi Alexandrini* han preservado por lo tanto la primera lista conocida de las Siete Maravillas del mundo antiguo. El fragmento permite reconocer que en ese momento ya se había establecido una conexión entre el arte, la técnica y las maravillas del mundo, y que, además de las Pirámides de Egipto, se nombraban el Templo de Ártemis en Éfeso y el Mausoleo de Halicarnaso entre las «Siete Obras Maestras», los siete *sights* de la Antigüedad.

Es muy probable que en la época posterior a la muerte de Alejandro Magno en 323 a. C. hubiera quien se pondría en camino para visitar como turista estas obras maestras, pues durante el Helenismo –que es como se denomina a esa época– los viajes pasaron a ser más factibles de lo que lo habían sido nunca en toda la Antigüedad. Para este primer «turista» que deseaba visitar la estatua de Zeus en Olimpia, el poeta erudito Calímaco escribió ya en el siglo III a. C. un poema de acompañamiento, del que se ha conservado igualmente algunos fragmentos en un papiro muy dañado. En él se ofrecen versificados detalles muy técnicos, como las dimensiones de la estatua. Según el testimonio de otras fuentes, Calímaco mencionaba asimismo al menos otros dos monumentos que más tarde serían considerados como maravillas del mundo: el Templo de Ártemis en Éfeso y el Altar de cuernos en Delos. Este último era un altar confeccionado con cuernos de cabra que el propio dios Apolo habría erigido delante de su templo en Delos en honor de su hermana la diosa Ártemis. Del mismo autor existía también una recopilación de las «maravillas sobre toda la tierra», aunque a juzgar por los fragmentos no trataba de las Siete Maravillas del mundo.

La primera lista de las Siete Maravillas que se conserva íntegramente se encuentra en una antología (colección de poesías). Se trata de un manuscrito de la Bibliotheca Palatina de Heidelberg y por esa razón se lo denomina *Anthologia Palatina*. Uno de los poemas, atribuido a un tal Antípatro –se suele considerar a Antípatro de Sidón, de finales del siglo II a. C., como su autor– dice lo siguiente:

Y de la rocosa Babilonia la muralla accesible a los carros
y el Zeus junto al Alfeo contemplé,
también los Jardines Colgantes y el Coloso de Helios,
y la gran labor de las escarpadas pirámides
también el enorme sepulcro de Mausolo. Pero cuando vislumbré
de Ártemis el templo alzándose hasta las nubes,
aquéllos empalidecieron y dije «¡Mira, salvo el Olimpo,
Helios jamás vio nada igual!».

Antípatro nombra, por tanto, las mismas Siete Maravillas que aparecen tratadas detalladamente en nuestro libro: las Murallas de Babilonia, la Estatua de Zeus en Olimpia (situada junto al río Alfeo), los Jardines Colgantes de Babilonia, el Coloso de Helios en Rodas, las Pirámides de Egipto, el Mausoleo de Halicarnaso y, finalmente, celebrada como la obra más significativa, el Templo de Ártemis en Éfeso.

Todas ellas se hallaban en los reinos helenísticos incluidos dentro del área grecoparlante del Mediterráneo oriental (véase el mapa de la pág. 8). Como esta lista incluye el Coloso de Rodas, finalizado en el 292 a. C. (y destruido 66 años más tarde por un terremoto), pero no menciona el Faro de Alejandría, que suele ser incluido tardíamente entre las Siete Maravillas y que es apenas una docena de años posterior, el origen de esta idea de las siete obras maestras debe ser fechado, por consiguiente, a principios del siglo III a. C.

El término «maravillas del mundo» fue acuñado, en la medida en que tenemos constancia del mismo, por el erudito romano Marco Terencio Varrón (116-27 a. C.), que en una obra casi completamente perdida habla de los *septem opera in orbe terrae miranda,* es decir, de las «siete obras que deben ser admiradas en el mundo». El que precisamente se trate de siete monumentos podría deberse a la gran importancia que esta cifra tenía en el pensamiento antiguo: de la Antigüedad clásica conocemos, por ejemplo, los siete sabios o los siete contra Tebas; de la Biblia, los siete días de la creación o los siete años de vacas gordas y los siete de vacas flacas.

¿Eran muy conocidas las Siete Maravillas del mundo?

Los ejemplos antiguos que ponen de relieve la importancia que se daba al número 7 –que no es factor ni producto de ninguno de los diez primeros números (salvo del 1)– son más que abundantes, pero lo que nos interesa examinar en este apartado es en qué medida la idea de las Siete Maravillas del mundo se fue extendiendo desde su aparición.

La cuestión es fácil de responder en lo que respecta a los círculos de eruditos y poetas antiguos. Diodoro, procedente de Agira (Agurion) en Sicilia –y por ello conocido también como Diodoro Sículo– escribió en el siglo I a. C. una gran obra histórica compuesta en parte por textos anteriores en la que cita a las Pirámides de Egipto «entre las siete obras más famosas». Entre éstas menciona asimismo un obelisco de Babilonia donado en algún momento por la reina Semíramis y que, por lo demás, no aparece nunca más enumerado como maravilla del mundo. Por el contrario, y aunque no los considera una de esas «siete obras más famosas», Diodoro describe con profusión los Jardines Colgantes de Babilonia (véase el capítulo 4). Cuáles eran el resto de tales obras no lo podemos saber porque su escrito no se ha conservado completo.

Por su parte, en la segunda mitad del siglo I a. C. el poeta romano Sexto Propercio menciona algunas otras de las Siete Maravillas del mundo cuando recalca su transitoriedad frente a la gloria eterna que alcanzará su propia obra (y, en consecuencia, también su amante, a quien inmortaliza en ella):

Afortunada la que festejo en mi librillo,
los cantos serán monumentos de tu belleza.
Ni los dispendios de las pirámides, que se elevan hasta las estrellas,
ni el templo de Júpiter eleo, que imita el cielo,
ni la enorme riqueza del sepulcro de Mausolo
están libres de la última estipulación de la muerte.
Sus glorias se las lleva el fuego o la lluvia,
o se precipitan vencidos por su peso con el golpe de los años.
Pero el nombre adquirido por ingenio no desaparece
por causa del tiempo: para el ingenio la gloria permanece sin muerte.

Propercio nombra, pues, las Pirámides de Egipto, la Estatua de Zeus en Olimpia (situada en los parajes griegos de la Élide) y el Mausoleo de Halicarnaso. Este último aparece también mencionado por un joven coetáneo del poeta, el arquitecto romano Vitrubio, en la obra que dedicó al emperador Augusto, donde se dice explícitamente que es uno de los *septem spectacula*, esto es, uno de los «siete espectáculos». Así proceden también Valerio Máximo en su manual de retórica, dedicado al sucesor de Augusto, Tiberio, y el geógrafo griego Estrabón de Amasea (63 a. C-15 d. C.) en Asia Menor. Este último cuenta entre los «siete espectáculos», además del Mausoleo de Halicarnaso, el Coloso de Helios en Rodas, las Murallas y los Jardines Colgantes de Babilonia y las Pirámides de Egipto. En su obra, Estrabón describe también la Estatua de Zeus en Olimpia y el Templo de Ártemis en Éfeso (véase capítulos 5 y 6), pero en ningún momento se refiere a ellos como maravilla del mundo.

Al igual que todos los autores que acabamos de mencionar, a mediados del siglo I d. C. también el geógrafo romano (y en tanto geógrafo, colega de Estrabón) Pomponio Mela cuenta el Mausoleo entre los *septem miracula.* Y del mismo modo que Propercio, el filósofo romano Lucio Aneo Séneca (4-65 d. C.) habla de su transitoriedad en el escrito de consolación dirigido a Polibio, aunque, a diferencia de aquél, no para gloriarse de la eternidad de su fama, sino para mostrar la temporalidad de todo lo terrenal.

Pero la idea de las Siete Maravillas del mundo no era sólo dominio de eruditos y poetas, sino que se extendía por círculos más amplios, como se puede deducir de un grafiti escrito en la pared del anfiteatro de Pompeya, sepultado en la erupción del Vesubio del 79 d. C. En ella el entusiasta partidario de un exitoso gladiador escribió:

> En todos los combates has vencido.
> ¡Una de las siete maravillas del mundo!

¿Qué incluían las Siete Maravillas del mundo?

El número siete era un elemento fijo, pero no lo que se incluía en él. Mientras que en las listas mencionadas hasta ahora el Faro de Alejandría ni siquiera aparecía, figuran en ellas maravillas del mundo que cayeron posteriormente en el olvido, como el Obelisco de Semíramis en Babilonia y el Altar de cuernos de Delos.

Cuatro «nuevas» maravillas del mundo se descubren de una sola vez en un autor que perdió la vida al ir a observar la erupción del Vesubio mencionada más arriba: en el libro 36 de su *Naturalis historia,* dedicado a las piedras, el erudito romano Cayo Plinio Segundo, más conocido como Plinio el Viejo, se extiende en una larga digresión sobre edificios construidos con esta materia, a saber, las Pirámides de Egipto, el Faro de Alejandría, el Laberinto de Egipto, los Jardines Colgantes de Babilonia, la ciudad de las Cien Puertas de Tebas en Egipto, el Templo de Diana (Ártemis) en Éfeso, el Templo de Júpiter (Zeus) en Cícico y, sobrepasando a todos éstos, la entera ciudad de Roma con sus *miracula,* sus maravillas. En esta relación, Plinio introduce algunas maravillas que hasta el momento no habían sido enumeradas como tales: en primer lugar, el Faro que hicieron erigir los primeros reyes helenísticos de Egipto a fin de que ayudara a las naves en su camino hacia el puerto de Alejandría, primero como señal diurna y poco después también como faro por la noche; en segundo lugar, el Laberinto de Egipto, que era célebre como antiquísimo y gigantesco modelo del Laberinto de Creta y de todos los laberintos posteriores; en tercer lugar, Tebas la de las Cien Puertas, cuyas vías subterráneas de despliegue causaban enorme impresión; y en cuarto lugar, el Templo de Cícico, que era muy alabado debido a que, gracias a algún ingenio, se hacía llegar aire y luz del exterior a través de las juntas de sus muros. En otro lugar, sin embargo, Plinio sí enumera el «tradicional» Mausoleo entre los *septem miracula.* (Al parecer no se había establecido aún lo que debía contarse entre las Siete Maravillas del mundo).

Otro que completa el septeto de manera distinta es Marco Valerio Marcial, de Bílbilis (Calatayud), quien escribe las siguientes palabras acerca del anfiteatro inaugurado en Roma un año después de la erupción del Vesubio, es decir, el 80 d. C. (véase figura 10, pág. 153). Por cierto que éste todavía no se llamaba, como hoy, *Colosseum* (Coliseo), ya que esta denominación documentada desde la Edad Media se debe a que en los alrededores del anfiteatro se levantaba una estatua gigante del emperador Nerón realizada según el modelo del Coloso de Rodas. Dice Marcial:

Calle la bárbara Menfis sobre las maravillas de las pirámides
y no se jacte el asirio de la obra babilonia,
no se halague a los delicados jonios a causa del templo de Trivia,

que Delos se esconda con su concurrido altar de
cuernos,
y que los carios con desmesuras no lleven
hasta las estrellas el Mausoleo, que pende del fino aire.
Toda obra cede el paso ante el anfiteatro del César,
La fama hablará de este monumento y de ningún otro
más.

Probablemente, Marcial se refiere con «Babilonia» tanto a las Murallas como a los Jardines Colgantes de esta ciudad, y es seguro que con el epíteto latino de «Trivia» evoca a la diosa Ártemis con su templo en Éfeso, situado en Jonia. El Altar de cuernos de Delos (ya mencionado por Calímaco) que aquí también trae Marcial a colación, aparece igualmente enumerado entre los «siete espectáculos» por su contemporáneo Plutarco de Queronea. Sin embargo, en las listas posteriores de maravillas del mundo ya no se vuelve a incluir.

En el siglo II d. C., Quinto Curcio Rufo, en su historia en latín de Alejandro Magno, califica expresamente los Jardines Colgantes como «una maravilla celebrada en escritos griegos» (véase capítulo 4). Asimismo, sólo él enumera entre las «maravillas de Oriente» el puente sobre el Éufrates en Babilonia. Su coetáneo Aulo Gelio, en cambio, menciona de nuevo el Mausoleo entre los *septem omnium Terrarum spectacula*, «los siete espectáculos de todos los países».

Con todo, en otra lista muy diferente transmitida a partir del siglo II en repetidas copias, los Jardines

Colgantes ceden su lugar al palacio del rey persa Ciro II en Ecbatana (Hamadán). Según la tradición antigua, este magnífico palacio fue erigido para los reyes de Media y estaba rodeado por siete murallas circulares de distintos colores cuyas juntas de sillería estaban enlucidas con oro. Tras la victoria de Ciro sobre el último rey medo, el palacio pasó al primero, que, al igual que sus sucesores y los partos, lo empleó como residencia de verano. Además de este palacio de Ciro, en esta lista tantas veces transmitida encontramos asimismo una secuencia de seis «viejos conocidos»: el Templo de Ártemis (Diana) en Éfeso, el Mausoleo de Halicarnaso, el Coloso de Helios (el Sol) en Rodas, la Estatua de Zeus (Júpiter) en Olimpia, las Murallas de Babilonia y las Pirámides de Egipto, de las que ya no se pone de relieve su tamaño, sino su (presunta) propiedad de no arrojar sombra.

En un libro de mitología escrito en el siglo II d. C. y transmitido bajo la autoría de Cayo Julio Higino, el septeto aparece reflejado en una lista de la siguiente manera:

Las siete obras maravillosas

En Éfeso el templo de Diana, que hizo a la amazona Otrera esposa de Marte [el dios de la guerra Ares; véanse págs. 89-90].

El monumento del rey Mausolo de fulgentes piedras, con 80 pies de alto y 1.340 de perímetro.

En Rodas la estatua de bronce del Sol, esto es, el coloso, con 90 pies de alto.

La estatua sedente de Júpiter Olímpico, que hizo Fidias de marfil y oro, con 60 pies.
El palacio del rey Ciro en Ecbatana, que construyó Memnón con piedras blancas y de colores unidas con oro.
Las murallas de Babilonia, que construyó Semíramis, hija de Derceto, con ladrillos y azufre, unidas con hierro, de 25 pies de ancho, 60 pies de alto, y un perímetro de 300 estadios.
Las pirámides de Egipto, cuya sombra no se ve, de 60 pies de alto.

En las diversas variantes de esta lista, las medidas (1 pie son unos 30 cm; 1 estadio son 600 pies, es decir, unos 180 m) se han transmitido con variaciones o simplemente no nos han llegado. En una formulación ligeramente distinta, la misma lista aparece, primero, en el libro de texto tardoantiguo de Lucio Ampelio, donde se intercaló como un añadido posterior dentro de una lista más extensa de las «Maravillas de la Tierra», y después, en el siglo VI de nuestra era, en un decreto del estadista Flavio Magno Aurelio Casiodoro, que, al igual que Plinio, celebra la ciudad de Roma como maravilla sin parangón:

Los narradores de siglos pasados informan que por cuanto a edificios sólo había siete maravillas sobre la tierra: en Éfeso el templo de Diana [Ártemis]; el bellísimo monumento del Rey Mausolo, a partir del cual los mausoleos reciben su nombre; en Rodas, la estatua de bronce de Sol [Helios], llamado el Coloso; la representación de Júpiter [Zeus] Olímpico, a la que Fidias, el primero de los escultores, dio forma con extrema elegancia usando oro y marfil; el palacio de Ciro, rey de los medos, que Memnón erigió con esplendoroso derroche uniendo los sillares con oro; las murallas de Babilonia, que la reina Semíramis construyó con ladrillo, azufre y hierro; las pirámides en Egipto, cuya sombra se consume en su misma posición y no es visible en ninguna parte más allá del propio espacio de la construcción. Pero ¿quién considerará en adelante extraordinarias estas cosas cuando puede contemplar tanta cosa admirable en una sola ciudad? Aquellas tuvieron su fama porque fueron anteriores en el tiempo y porque todo lo que emerge nuevo en una época difícil es considerado, con razón, ilustre por las bocas de los hombres. Sin embargo, ahora sólo se puede ser sincero si se dice que Roma toda es una maravilla.

Por último, la lista transmitida por Higino, Ampelio y Casiodoro, en la que los Jardines Colgantes de Babilonia son sustituidos por el palacio de Ciro en Ecbatana, se encuentra también en el anónimo *Septem Mira* (fig. 2, pág. 10), donde el copista ha introducido añadidos en el margen del manuscrito junto a otras mejoras (que en la traducción van entre llaves):

Las Siete Maravillas

1. El templo de Diana en Éfeso, que erigió una amazona.
2. El Mausoleo en Caria, 180 pies de alto y 400 pies de perímetro. Ahí está la tumba de un rey hecha de piedra reluciente.
3. El coloso de Rodas, 105 pies de alto.

4. La de Júpiter Olímpico, hecho por Fidias de marfil y oro, 100 pies [de alto].
5. El palacio real en Ecbatana que construyó Memnón con piedras blancas y de colores, con juntas de oro.
6. Las murallas de Babilonia, trabadas con ladrillos, azufre, hierro, 25 {32} pies de ancho, 75 pies {50 codos [1½ pie por codo]} de alto, 800 {368} estadios de perímetro. Éstas las edificó la reina Semíramis. {También se consideran una maravilla los Jardines Colgantes sobre la fortaleza de la misma ciudad y de la misma altura que las murallas.}
7. Las pirámides de Egipto, 600 pies de alto y de ancho.

Los Jardines Colgantes también fueron incluidos entre los *septem mira* en torno al año 300 de nuestra era por el Padre de la Iglesia Lactancio y, al igual que las Pirámides de Egipto –incluidas entre los *miracula septem* por el historiador del siglo IV Amiano Marcelino–, figuraron en la *Guía de viaje por las Siete Maravillas del Mundo* (tal como algunos denominan modernamente este antiguo texto) que compuso un orador tardoantiguo utilizando a modo de «tapadera» el nombre de Filón de Bizancio.

Esta completísima fuente de nuestro tema, cuyas aportaciones sobre las respectivas maravillas del mundo se citarán completas en los capítulos que siguen, merece por sí sola una breve presentación.

La Guía de Viaje por las Siete Maravillas del Mundo *de Filón*

Cada una de las Siete Maravillas del Mundo [literalmente: espectáculos] es bien conocida de todos por su fama, pero pocos las han visto en persona, pues hay que viajar a Persia, navegar por el Éufrates, ir a Egipto, residir entre los eleos en Grecia, marchar a Halicarnaso en Caria, ponerse rumbo a Rodas y visitar Éfeso en Jonia. Aquel que deambulare por el mundo y quedare desfallecido por las fatigas del viaje, sólo vería satisfecho su deseo cuando hubiera pasado ya lo mejor de su vida a través de los años.

Por eso la formación es algo asombroso y un gran regalo, ya que libera al hombre de viajar y le enseña en su propia casa cosas preciosas al dar ojos a su alma. Y lo curioso es que el que llega a los sitios, los ve sólo una vez, y al marcharse se olvida de ellos, pues el detalle de las obras está oculto y los recuerdos de cada cosa particular se desvanecen, mientras que el que gracias a mis palabras investiga lo que es digno de admiración y los productos de la actividad, observa como en un espejo toda la obra de arte y guarda de manera indeleble las características de cada una de estas imágenes, pues ha ido contemplando con el alma sus curiosidades.

Lo que estoy diciendo se revelará convincente cuando mis palabras se encaminen con claridad a cada una de las Siete Maravillas del mundo y persuada al oyente para que afirme que ha tenido la impresión de haberlas contemplado. Y, en efecto, por lo común sólo se recibe con muestras de aprobación a las cosas que se ven iguales pero se admiran de un modo distinto. Lo bello, al igual que el sol, no deja contemplar las demás cosas cuando él mismo reluce.

Según este prólogo, el autor pretende ahorrar a sus lectores el fatigoso viaje a las maravillas del mundo, ofreciéndoles una bella descripción de los Jardines Colgantes de Babilonia, de las Pirámides de Egipto, de la Estatua de Zeus en Olimpia, del Coloso de Rodas, de las Murallas de Babilonia y del Templo de Ártemis en Éfeso en esta misma sucesión. La del Mausoleo de Halicarnaso, también anunciada, no se ha conservado.

¿Quién era este autor? Filón de Bizancio, bajo cuya autoría se hace pasar la *Guía de viaje por las Siete Maravillas del mundo*, fue un ingeniero griego en activo en torno al 200 a. C. De sus escritos sólo se han conservado en griego algunas partes. Sin embargo, a partir de estos fragmentos se puede apreciar con claridad que los escritos de Filón eran trabajos objetivos, por no decir libros técnicos redactados de manera muy seca, cuyos datos son en ocasiones tan precisos que permiten reconstruir en la actualidad las máquinas de guerra que describe.

Bajo el nombre de este mismo Filón se ha conservado también un tratado sobre las Siete Maravillas del mundo, cuyo detalle en los datos –como, por ejemplo, los concernientes al Coloso de Rodas (véase capítulo 8)– refleja el interés técnico del autor. De igual modo, el hecho de que desde el punto de vista del autor sea forzoso viajar a cada una de las Siete Maravillas del mundo encajaría bien con su procedencia: Bizancio (véase mapa de pág. 8). El lenguaje es adecuado al propio de un discurso, es decir, no tan seco como el de un libro técnico, aunque más bien algo ostentoso.

Con todo, es precisamente esa «poca naturalidad de un lenguaje que describe un mero producto artístico, la capacidad de decir muy poco con muchas palabras y de ofrecer un *raisonnement* falto de ingenio» lo que se ha tomado como indicio de que el verdadero autor de la obra no es el ingeniero helenístico Filón de Bizancio, sino un orador tardoantiguo. Resulta más plausible que fuera en tales tiempos cuando se hablara con tanto entusiasmo sobre la «gran época de la Hélade», tal como lo hace Filón en su descripción de la estatua de Zeus en Olimpia (véase capítulo 5).

Pero antes de seguir las huellas de la idea de las Siete Maravillas del mundo en el período posterior a Filón, es conveniente presentarlas de manera individual, tal como él lo hace. ¿Seremos capaces también nosotros de lograr por medio de las palabras que el lector «observe como en un espejo toda la obra de arte», de modo que «guarde de manera indeleble las características de cada una de estas imágenes» y pueda hacerse así una idea propia?

2. Las Pirámides de Egipto

Antiquísimas tumbas reales

Alejandro Magno tenía planeada una octava maravilla del mundo cuando, sin haber cumplido los 33 años y en el curso de su enorme marcha conquistadora, murió al atardecer del 10 de junio de 323 a. C. en la antigua capital de Babilonia. En efecto, Alejandro quería erigir un monumento funerario a su padre, el rey Filipo II de Macedonia, que fuera «similar a una pirámide, a esa grande y única que está en Egipto, a las que algunos enumeran entre las siete mayores obras». Curiosamente, esta es la primera noticia que tenemos del asunto y aparece sólo a partir del historiador griego Diodoro Sículo en el siglo I a. C.

Las pirámides son precisamente, en efecto, las tumbas de antiguos faraones egipcios. Entre ellas, los viajeros, tanto antiguos como modernos, consideran las de mayor importancia aquellas que se encuentran en las inmediaciones de la antigua Menfis, en la actual Giza (o Gizeh), cerca de El Cairo. Son éstas precisamente la única maravilla del mundo antiguo que puede contemplarse todavía hoy.

A pesar de la pérdida de gran parte de su recubrimiento, que en algún momento fue liso y de un color blanco brillante (sólo en una de ellas se enfoscaron y se revistieron de oscuro los sillares inferiores), y a pesar de algunos desperfectos, las pirámides apenas han perdido hasta la fecha parte de su monumentalidad. Por otro lado, aún no está claro cómo fueron construidas, si con un largo terraplén en rampa, o cubriendo el núcleo pétreo con una capa de barro en espiral a su alrededor, o si se utilizaron sistemas de izado, es decir, máquinas simples pero gigantescas que se aprovechaban del efecto de la palanca.

La mayor pirámide de Menfis es la del faraón Queops (2551-2528 a.C.), construida sobre una planta cuadrada de 230,5 m de lado y cuya altura es de aproximadamente 146,5 m. Junto a ella se encuentra la de su sucesor Quefrén (2520-2494 a. C.), cuya base tiene de lado 215,25 m y alcanza una altura de 143,5 m, por lo que es sólo ligeramente menor que la de Queops. Claramente más pequeña, pero igualmente impresionante, es la tercera pirámide, la de Micerino (2490-2471 a. C.), cuya base cuadrada tiene aproximadamente 108,5 m de lado, siendo su altura de 66,5 m.

Pero ¿qué sabía la Antigüedad clásica de estas inmensas tumbas reales?

Los datos de Heródoto

Los primeros testimonios acerca de las pirámides se los debemos al «Padre de la Historia», el historiador griego Heródoto de Halicarnaso. Según nos cuenta en su obra, escrita a mediados del siglo V a. C., él estuvo en persona en Egipto, que en aquel momento se encontraba en manos persas, y por referencias de sus informantes pudo relatar lo siguiente:

Hasta el rey Rampsinito, dicen que en Egipto había una completa observancia de las leyes y que Egipto prosperaba enormemente, pero después llegó Queops al trono y lo llevó a una gran tribulación. Por lo pronto echó el cierre a todos los templos y prohibió hacer sacrificios; luego ordenó a todos los egipcios que trabajasen para él. A unos les impuso que arrastraran piedras desde las canteras del monte de Arabia hasta el Nilo. A otros les ordenó que, una vez trasladadas por naves al otro lado del río, las cargaran hasta el monte libio [Giza]. Siempre había trabajando casi cien mil hombres por períodos de tres meses. Sólo en la construcción del camino por el que se arrastraban las piedras empleó el consumido pueblo diez años. Esta obra no fue, a mi entender, inferior en nada a la de la pirámide...

Así que esta obra duró diez años y también la de las cámaras subterráneas bajo la colina sobre la que se yerguen las pirámides. Hizo de estas cámaras su sepulcro...

La pirámide en sí tardó veinte años en construirse. Tiene una base cuadrada y cada uno de sus lados mide en total 8 pletros [800 pies], y lo mismo de altura. La piedra está alisada y perfectamente encajada. Ninguna de las piedras mide menos de 30 pies de largo.

Esta pirámide se hizo a modo de gradas, que unos llaman modillones y otros altares. Una vez hecha la base, alzaron luego las piedras con máquinas hechas de vigas cortas, y fueron alzando las piedras del suelo hasta la primera hilera de gradas. Y cuando la piedra subía a ésta, la ponían en otra máquina dispuesta sobre la primera hilera y desde ahí la remontaban a la segunda hilera sobre otra máquina. Había tantas hileras de gradas como máquinas, o bien había una sola máquina, que era fácilmente transportable, y la iban llevando de hilera en hilera cuando descargaban la piedra. A mí me contaron las dos versiones y así lo transmito. Las partes superiores son las que se acabaron [pulieron] primero, luego se completaron las que les seguían y finalmente las que estaban a ras de suelo y las de más abajo.

En la pirámide escribieron con caracteres egipcios cuánto se gastó en rábanos, en cebollas y en ajos para los trabajadores, y me acuerdo bien de lo que el intérprete decía cuando me leía los signos, que se pagaron mil seiscientos talentos de plata. Y si esto es así, ¿cuánto es probable que se gastara en el hierro con el que labraban [la piedra] y en alimentos y vestidos para los trabajadores? Si el tiempo de construcción de la obra es el mencionado, creo que otro tanto más, y no poco, sería el empleado en cortar y llevar las piedras, y en la excavación bajo tierra.

Queops llegó hasta tal punto de maldad que, falto de dinero, metió a su hija en un burdel y le ordenó que se entregara por cierta cantidad de dinero, aunque no me dijeron la suma. Ella se entregó como su padre le había ordenado, pero también pensó en dejar un monumento para sí, y a todo el que accedía a ella le pedía que le regalara una piedra [en las obras]. Me dijeron que de estas piedras se construyó la pirámide que está en medio de las tres, cerca de la gran pirámide, y cuyos lados miden cada uno un pletro y medio.

Los egipcios dicen que Queops reinó cincuenta años y que, tras su muerte, recibió el reino su hermano Quefrén. Y éste se valió de los mismos modos que el otro y, por lo demás, también hizo una pirámide, que no alcanzó las dimensiones de la del otro. Esto era así porque nosotros las medimos...

Después de éste, dicen que fue rey de Egipto Micerino, el hijo de Queops. Como le resultaban desagradables las obras de su padre, abrió los templos y permitió al pueblo, consumido hasta el extremo de la desdicha, que fuera a sus trabajos e hiciera sacrificios... También éste dejó una pirámide, mucho más pequeña que la de su padre; es cuadrangular y cada uno de sus lados tiene tres pletros menos veinte pies de largo, y hasta la mitad es de piedra etiópica [oscura].

Algunos griegos afirman que ésta es de la hetera Rodopis, pero no es correcto. Creo que los que dicen eso no saben ni siquiera quién era esta Rodopis, pues no le atribuirían la construcción de una pirámide en la que se gastaron, por decirlo de algún modo, innumerables miles de talentos. Además de que Rodopis estaba en su juventud cuando reinaba Amasis y no Micerino. Rodopis es posterior en muchos años a aquellos reyes que dejaron estas pirámides.

Así pues, Heródoto informa en primer lugar sobre la gran pirámide de Queops, a la que asigna una base de ocho pletros de lado y una altura igual. Un pletro (véase pág. 155) representa 100 pies, unos 30 m. El dato de Heródoto sobre la base sobrepasa un poco la medida real y cuando con «altura» se refiere a la (más bien aproximada) longitud de la arista, tampoco se equivoca mucho en su apreciación. Sorprendente es, sin embargo, lo que Heródoto se deja contar sobre el tamaño de los bloques, y aún más sorprendente es lo que oyó sobre la inscripción en la pirámide (es seguro que los faraones no calculaban por «talentos de plata», esto es, por múltiplos de casi 30 kg de plata). Y lo que ya nos acaba de dejar atónitos por completo es lo que escribe sobre la financiación del edificio, si bien es posible que en la Antigüedad hubiera en las proximidades de las tres pirámides grandes restos (no conservados en la actualidad) de otras más pequeñas, cuyas ruinas alentaran a los informantes de Heródoto, bastante locuaces de por sí, a asignar a la hija de Queops el motivo (atestiguado, por otro lado, en muchas culturas) de vender el favor de una mujer con un propósito específico.

A continuación, como constructor de la pirámide inmediatamente más pequeña se señala Quefrén, del que se dice que es hermano y sucesor de Queops, aunque –según sabemos por otras fuentes– este Quefrén en realidad fue hermano de uno de sus sucesores. Y Micerino aparece en Heródoto como «hijo» de Queops, pero en realidad era su nieto. Por otra parte, la medida de 280 pies que da para su pirámide resulta, en comparación con la real, manifiestamente demasiado pequeña. Los hallazgos arqueológicos confirman, en cambio, la indicación que hace Heródoto por lo que se refiere a que al menos el tercio inferior de esta pirámide se encontraba revestida de «piedra etiópica», es decir, de granito oscuro, mientras que su parte superior fue recubierta, como las otras, de piedra blanca.

Finalmente, Heródoto no puede dejar de lado la «picante» historia de una construcción por parte de la hetera (prostituta) Rodopis, aunque sólo sea para rebatirla –como buen historiador– con un argumento realmente histórico, el de la cronología, pues Amasis reinó de hecho desde el 570 hasta el 526 a. C., es decir, casi dos mil años después de Micerino.

Un testimonio del Egipto helenístico

En época de Heródoto, Egipto era parte del Imperio persa y así siguió siendo –con algunas interrupciones– hasta que fue conquistado por Alejandro Magno, con lo que en el año 332 a. C. Egipto fue «liberado». Después de la muerte de Alejandro, a partir de la cual se suele señalar el comienzo de la época histórica llamada «Helenismo», Tolomeo, uno de sus generales, se hizo cargo del poder en el país, fundando la dinastía que toma su nombre. En la corte de Tolomeo I figuró el escritor y filósofo griego Hecateo de Abdera, quien, entre otras cosas, escribió un trabajo titulado *Aiguptiaká*. Aunque éste se ha perdido íntegramente, en el siglo I a. C. el historiador griego Diodoro –al que ya nos hemos referido al principio de este capítulo– tomó de él diversas informaciones sobre Egipto, como las siguientes:

Quemis el Menfita [i.e. Queops] reinó cincuenta años y construyó la mayor de las tres pirámides, que se cuentan entre las Siete Maravillas del mundo. Éstas [pirámides] están ubicadas frente a Libia [es decir, al oeste del Nilo] y distan 120 estadios [unos 21 km] de Menfis y 45 [unos 8 km] del Nilo. Por el tamaño de las obras y por su calidad provocaban perplejidad y asombro entre los que las contemplaban. La mayor de ellas tiene cuatro lados. La base de cada lado mide siete pletros y la altura es de más de seis pletros. Cada lado se va estrechando paulatinamente desde la base hasta llegar a seis codos en la cúspide. Está fabricada en su totalidad de piedra dura, que es difícil de labrar, pero que perdura para siempre, pues no han pasado menos de mil años –según dicen– hasta nuestros días, aunque otros escriben que han pasado más de tres mil cuatrocientos años, y las piedras han persistido hasta el día de hoy preservando su composición original y manteniendo toda la construcción sin deterioro.

Se dice que la piedra fue traída desde Arabia, salvando grandes distancias, y que la construcción se hizo mediante terraplenes, ya que en aquellos tiempos todavía no se habían inventado las máquinas de izar. Y lo más asombroso es que, pese a haber construido obras de tal magnitud y pese a ser de arena todo el lugar circundante, sin embargo no ha quedado huella alguna ni del terraplén ni de los trabajos de cantería. De modo que no parece que estos trabajos hayan sido hechos poco a poco por hombres, sino que –como por obra de un dios– la construcción se puso toda de una sola vez en medio de la arena circundante. Algunos egipcios tratan de contar historias prodigiosas sobre las pirámides, pues dicen que los terraplenes eran de sal y de nitro, que soltaron el río y éste los disolvió, y entonces desaparecieron por completo quedando sólo los trabajos que hizo la mano del hombre. Sin embargo esto no es realmente verdad; más bien toda la obra se puso de nuevo en su estado anterior gracias a la enorme cantidad de mano de obra que había hecho los terraplenes, pues –según afirman– eran trescientos sesenta mil hombres los que se afanaron en las labores de estas obras. Toda la construcción se finalizó en menos de veinte años.

Al morir el rey, le sucedió en el trono su hermano Quefrén y reinó cincuenta y seis años. [...] Según coinciden varias fuentes, el sucesor, celoso de los planes de su antecesor, hizo construir la segunda pirámide, similar en cuanto a factura artística a la mencionada anteriormente, pero mucho más reducida de tamaño, visto que cada lado de la base mide sólo un estadio [...]

Después de éstos, reinó Micerino [...], el hijo del que mandó construir la primera pirámide. Éste emprendió la construcción de una tercera, pero murió antes de que toda la obra hubiera concluido. Fijó en tres pletros la medida de cada uno de los lados de la base e hizo que los muros hasta la decimoquinta hilada fueran de piedra oscura, parecida a la de Tebas, y el resto lo completó con piedras iguales a las de las otras pirámides. Aunque de tamaño esta obra era mucho más reducida que las citadas anteriormente, por su factura artística sobresalía mucho y por la excelencia de su piedra [...]

Algunos dicen que esta [tercera pirámide] es el sepulcro de la hetera Rodopis y afirman que algunos monarcas habían sido sus amantes y que habían ejecutado en común esta construcción por amor a ella.

En este informe, cuyo autor debió de conocer las pirámides en persona, se mencionan 7 pletros, es decir 700 pies, para la base de la pirámide de Queops, una medida algo reducida, y se reconoce que la altura del edificio es menor que el lado de su base, aunque se sobrevalore la altura real. La anchura de la parte superior se cifra en 6 codos, es decir, 9 pies. A diferencia de Heródoto, y quizá en deliberada confrontación con los datos de éste, Hecateo también se pronuncia sobre la construcción del edificio recurriendo –igual que hace Heródoto respecto a la historia de Rodopis– al juicioso argumento histórico de la cronología: por entonces aún no se habían inventado máquinas elevadoras. Hay otra serie de datos, a veces realmente extraños, sobre los métodos de construcción que Hecateo rechaza con toda razón.

Por lo que se refiere a la segunda pirámide, la de Quefrén, la indicación sobre la base (que tendría un estadio de lado, es decir, 600 pies) es, a todas luces, demasiado pequeña. La que hace respecto a la tercera pirámide –de 3 pletros, es decir, 300 pies– es, sin embargo, bastante realista a diferencia de la de Heródoto. Incluso el número de hiladas de piedra oscura es casi correcto.

Tampoco este autor tan austero quiere dejar pasar de largo la historieta de Rodopis, si bien aquí se cuenta de otro modo e igualmente se rechaza de inmediato por no ser histórica.

Las Pirámides como maravilla del mundo

Mientras que el político romano Frontino, autor de un manual técnico sobre los acueductos de Roma y otro sobre estrategia y táctica militar, en el primero escribe indignado que algunos comparaban éstos «con las pirámides claramente inútiles o con algunas otras obras sin sentido, pero celebradas por boca de los griegos», Plinio, en el libro que dedica a las piedras dentro de su *Naturalis Historia,* no tiene más remedio que mencionar cuando menos esas construcciones gigantescas que son las pirámides. Escribe:

De paso, mencionemos también las pirámides de Egipto, inútil y estúpida ostentación de riqueza de los reyes, porque la razón que muchos dan para que se hicieran es que no querían dejar dinero a sus sucesores ni a sus adversarios al acecho, o que el pueblo estuviera ocioso. En lo que a esto respecta, la vanidad de estos hombres era mucha.

Hay todavía restos de muchas empezadas [...] Las otras tres, que han llenado todas las regiones de la tierra con su fama, son perfectamente visibles desde todas partes para todos los que viajan hasta ellas. Están situadas en la parte africana [del Nilo] sobre un estéril montículo de piedra entre la ciudad de Menfis y el llamado Delta, a menos de cuatro mil pasos del Nilo y a siete mil quinientos de Menfis. La aldea vecina se llama Busiris, y sus habitantes están acostumbrados a escalarlas. [A continuación se ofrecen diversas medidas con una referencia a Heródoto y a otros autores] [...]

Estas son las maravillas de las pirámides y la mayor es –no vaya a ser que alguno admire los recursos de los reyes– que la [pirámide] más pequeña, pero la más elogiada, fue hecha por la prostituta Rodopis. Ésta fue en su tiempo compañera de esclavitud y de cama del filósofo y fabulista Esopo. Y una maravilla aún mayor es que esos recursos fueran ganados por una prostituta.

¿Por qué las tres pirámides de Menfis llenaron «todas las regiones de la tierra con su fama»? ¿Sólo por Rodopis? No; en su *Guía de viaje por las Siete Maravillas del Mundo,* Filón de Bizancio (véase capítulo 1) apunta desde luego otros motivos:

Construir las pirámides de Menfis es imposible; conocerlas, extraordinario. Están construidas sobre montañas y el tamaño del sillar cuadrado hace su manejo difícilmente concebible, y no hay quien no quede perplejo por las fuerzas con que hubieron de alzarse tan ingentes moles de edificios. Las piedras subterráneas de la base cuadrangular subyacente tienen la cimentación del mismo tamaño que las alturas superficiales de cada construcción, y paulatinamente toda la obra se va estrechando en una pirámide, en forma de escuadra. La altura es de trescientos codos y de seis estadios el perímetro. Toda la obra está encajada y pulimentada de manera que parece ser una sola estructura de piedra de una construcción maciza. Los distintos tipos de piedras variadas y púrpuras se han ido colocando por hiladas. En una la piedra es mármol blanco, en otra es etiópica negra, y luego la llamada piedra hematita, una piedra variada de tonalidad verde, según dicen, traída de Arabia. Algunas de un oscuro intenso son de color verde como el vidrio, luego otras tantas de color manzana, el color de otras es púrpura y se asemejan a las que han sido teñidas en el mar por las conchas. Con el estupor se junta el goce, con el asombro el amor por el arte, con lo abundante lo ingente. Y lo largo del ascenso tiene en sí el esfuerzo de un viaje. Con la magnificente impresión de los colores, la riqueza real logró entreverar la diversidad de sus larguezas. Gloria a la fortuna, que, por estos dispendios prodigados, confía en alcanzar incluso las estrellas, pues, gracias a tales obras, o bien suben los hombres hasta los dioses o bien bajan los dioses hacia los hombres.

Con el perímetro de 6 estadios, esto es, 3.600 pies, Filón da la medida de los lados, es decir, 900 pies cada uno, que son 100 más de lo que apuntó Heródoto, y claramente mayor que la medida real. El dato que da respecto a la altura –300 codos, esto es, 450 pies, y con ello la mitad del lado de la base– resulta, sin embargo, demasiado escaso. Pero lo que impresiona de manera más viva a Filón, además de la pura magnitud de la construcción, es precisamente su luminoso colorido. Sin embargo, si los lectores de Filón hubieran hecho realmente el «esfuerzo del viaje» cuyas molestias Filón pretende haberles ahorrado (véanse págs. 25 y ss.), no cabe duda de que se habrían sentido bastante decepcionados al respecto.

Otros autores tardoantiguos admiraron características de las pirámides de distinta índole. Así, el historiador Amiano Marcelino escribe en el siglo IV:

> Las pirámides se encuentran entre las Siete Maravillas del Mundo y el escritor Heródoto describe las constantes dificultades de su construcción. Más allá de una altura que pueda ser alcanzada por mano humana, se erigen tres torres acabadas, anchísimas por lo bajo y muy puntiagudas en sus alturas [...] Puesto que sus enormes dimensiones van subiendo en una desmesurada altura y atenuándose poco a poco, también sus sombras se disipan por una razón mecánica.

Es obvio que las pirámides únicamente dejan de arrojar sombra sobre el suelo a mediodía en verano, pero aun así son varias las listas de maravillas posteriores (véase capítulo 9) en las que se encuentra que realmente el único motivo de su fama es... ¡que no dan sombra alguna!

Los autores cristianos, por el contrario, pretendían inscribir las pirámides como maravilla del mundo dentro de su propia tradición: no habría sido ningún rey de Egipto (y mucho menos una prostituta) quien las erigiera, sino el José bíblico que interpretó los sueños del faraón –tal como figura en el primer libro de Moisés (Génesis)– y que profetizó siete años de abundancia y siete años de escasez. En los siete años de abundancia habría almacenado cereal en grandes graneros para luego distribuirlo en los siete de escasez. De modo que, ¿qué otra cosa podrían ser las pirámides para los cristianos sino los graneros de José?

La hetera Rodopis

De coloridos sillares, sin sombra, construcciones bíblicas... Cuanto menos se sabía de las pirámides, más variados eran los motivos por los que se las consideraba una de las Siete Maravillas del mundo.

Pero volvamos una vez más a la Antigüedad clásica y dirijamos al mismo tiempo nuestra atención a la persistencia de la idea de las maravillas del mundo en los humanistas. Hemos visto ya diversas variantes de la historia de Rodopis, pero en una obra geográfica bastante sobria que escribió un joven coetáneo de Diodoro, Estrabón de Amasea, hallamos una más:

> Yendo a cuarenta estadios de la ciudad [Menfis] se encuentra una escarpadura elevada sobre la que hay muchas pirámides, tumbas de reyes, pero tres son dignas de mención, y de ellas dos incluso se enumeran entre las Siete Maravillas. Su altura es de un estadio, tienen forma cuadrangular, y la altura es un poco mayor que la longitud de cada lado. Una de las dos es un poco mayor que la otra. En una de sus caras, a una altura mediana, tiene una piedra movible. Levantada ésta, se encuentra un tortuoso pasillo hasta la tumba. Éstas están ciertamente

muy cerca la una de la otra en el mismo plano, mientras que más lejos, en un alto mayor del monte, está la tercera, mucho más pequeña que las otras dos, pero construida con mucho mayor dispendio, pues desde los cimientos hasta casi la mitad es de piedra negra –esa con la que también se fabrican morteros– traída de lejos, pues viene de los montes de Etiopía. Por ser dura y difícil de labrar hace costosa la ejecución.

Se la llama «tumba de la hetera» y fue construida por sus amantes. Safo, la poetisa mélica, la llama Dórica, [...] Otros la nombran como Rodopis. Cuentan que una vez que se estaba bañando, un águila arrebató una de sus sandalias a su criada, la llevó a Menfis y, una vez sobre la cabeza del rey, que estaba impartiendo justicia al raso, arrojó la sandalia a su regazo. Y el rey, conmovido por la hechura de la sandalia, así como por lo extraño del suceso, envió por todo el país en búsqueda de la mujer que la había llevado. La encontraron en la ciudad de Náucratis y se la llevaron. Pasó a ser la mujer del rey y a su muerte recibió el mencionado sepulcro.

Los datos que da Estrabón de las dimensiones se corresponden aproximadamente con los que Diodoro había encontrado en Hecateo de Abdera: lo que aquí se llama altura de un estadio se corresponde con los 6 pletros mencionados allí, es decir, 600 pies. Pero, desde luego, que la base sea algo más corta que la altura no se encuentra en ningún otro autor, y tampoco lo del sinuoso pasillo hasta la tumba. E incluso sobre la hetera Rodopis, también Estrabón nos da una información nueva (¡y realmente maravillosa!).

Aunque hay constancia de una estancia de Estrabón en Egipto, debe ponerse en duda que, como (al menos supuestamente) Heródoto y (seguro) Hecateo de Abdera, conociera de primera mano la maravilla de las pirámides.

El que con toda certeza no las vio nunca fue el artista de principios de la época moderna Maarten van Heemskerck, cuya obra sobre las *Pyramides Aegypti* de 1572 ofrecemos en la figura 3. En todo caso sí le resultaban conocidos los obeliscos egipcios llevados a Roma, y puede que incluso la pirámide de Cestio, también en Roma, que en comparación con las antiguas pirámides de Egipto es mucho más es-

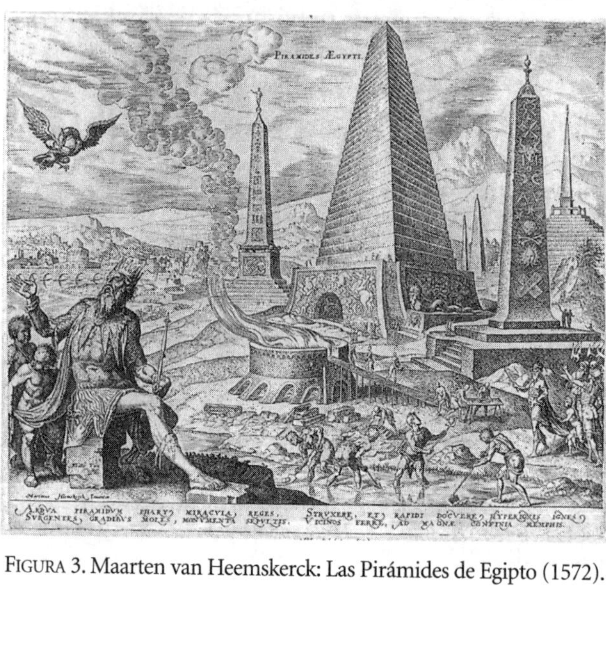

FIGURA 3. Maarten van Heemskerck: Las Pirámides de Egipto (1572).

tilizada porque se remonta a modelos altoegipcios tardíos. Y lo que es más que evidente es que estaba especialmente familiarizado con textos antiguos como el de Estrabón: tal y como se afirma en éste, la pirámide de Heemskerck tiene entrada a una galería que va a la tumba, y en el primer plano de la imagen vemos al faraón, que no dirige su mirada hacia la enorme construcción de la maravilla del mundo, sino que la eleva hacia el águila que lleva la graciosa chinela de la hetera Rodopis.

3. Las Murallas de Babilonia

La antigua ciudad real

Babilonia, la antigua ciudad real a orillas del Éufrates, la Babel de la Biblia, se convirtió en la principal ciudad del Primer Imperio babilonio gracias sobre todo a Hamurabi (1728-1686 a. C.). Después de una agitada historia –el reino pasó a los hititas, los casitas, los elamitas y luego, aunque siga siendo un asunto controvertido, durante decenios a los asirios– y tras destrucciones de todo tipo, en el siglo VII a. C. Babilonia pasó a manos del rey Nabopolasar (Nabu-apla-usur, 625-606 a. C.), que fue el fundador de la dinastía caldea. Quien hizo posible el desarrollo de Babilonia como suntuosa capital de esa dinastía y de su imperio –también denominado Imperio Neobabilonio, para diferenciarlo del de la dinastía de Hamurabi– fue sobre todo su hijo Nabucodonosor II

(Nabu-kudurri-usur, 605-562 a. C.), muy conocido por aparecer en la Biblia.

A diferencia de lo que había sucedido de resultas de los cambios dinásticos anteriores, cuando el rey de los persas Ciro II (559-530 a. C.) se apoderó de ella en el año 539 a. C., la metrópoli tan espléndidamente dotada por Nabucodonosor no fue destruida. Y salió ilesa igualmente cuando en el 331 a. C. Alejandro Magno se instaló en ella tras haber vencido a los persas. Allí habría de morir el rey ocho años más tarde. Durante el Helenismo, nombre que recibe la época que sigue a la muerte de Alejandro, Babilonia pasó a ser parte de los dominios de los Seléucidas, y sólo entonces la ciudad fue perdiendo importancia gradualmente debido a las nuevas fundaciones que fueron llevando a cabo en Mesopotamia estos monarcas.

Las murallas de Nabucodonosor II

Ya desde antiguo Babilonia se hallaba protegida por una muralla que la circundaba. Nabucodonosor II mandó ampliar esta muralla, así como que se decorase suntuosamente. Las excavaciones que el arqueólogo alemán Robert Koldewey llevó a cabo desde 1899 hasta 1917 sacaron a la luz la Puerta de Ishtar, que en la actualidad es una de las joyas de las colecciones que se exponen en el Altes Museum de Berlín.

Contra la «caña de la batalla» (es decir, las flechas enemigas) Nabucodonosor hizo construir en primer lugar un baluarte adicional al este de la ciudad. Sobre una gran losa de piedra se ha conservado una inscripción en escritura cuneiforme en la que el propio Nabucodonosor declara sobre esta muralla exterior lo siguiente:

Para que la caña de la batalla no alcance Imgur-Enlil, la muralla de Babilonia, [hice] lo que ningún rey antes había hecho: a 4.000 codos de tierra en torno a Babilonia hice levantar una poderosa muralla por el este de Babilonia para que desde lejos fuera inalcanzable. Cavé un foso y revestí la escarpa con asfalto y ladrillos. En su cordón construí una poderosa muralla a lo alto. Le añadí amplios vanos y en ellos dispuse puertas de madera de cedro chapadas de bronce.

Ambas murallas, la exterior y la que rodeaba a la ciudad, también aparecen mencionadas en una descripción anónima de la ciudad de Babilonia que comienza con la equiparación *Tintir es Babilonia*, y que por ello es conocida con ese nombre entre los estudiosos de la Antigüedad. De ella se han conservado diversas copias en escritura cuneiforme babilonia. También se han preservado fragmentos de una transcripción que reproduce el texto cuneiforme con letras griegas (lo cual, en su momento, fue sumamente relevante para confirmar el desciframiento de aquella escritura). Tras designar las ocho puertas de la muralla que rodeaba la ciudad, esta obra nombra dos murallas:

Muralla Imgur-Enlil [«Enlil mostró benevolencia»]: La muralla de la ciudad.
Muralla Nimit-Enlil [«Baluarte de Enlil»]: La muralla exterior.

Los arqueólogos apenas han podido investigar algunos vestigios de la enorme muralla exterior de Babilonia: se trata de una muralla protegida por torres de unos 7 metros de grosor, hecha de adobe, a la que se anteponía una muralla de unos 7,80 m de grosor hecha de ladrillos cocidos, la cual, a su vez, iba acompañada de una muralla de unos 3,30 m de grosor, también de ladrillo, inmediata al foso. Todo este sistema protegía el lado oriental de Babilonia a lo largo de unos 9 km. Con la decadencia de Babilonia, los adobes, que no eran resistentes a los agentes externos, fueron deshaciéndose y los ladrillos fueron reutilizados en otros edificios, por lo que no es posible obtener datos precisos sobre la altura original de la muralla. Se ha pensado que pudo alcanzar los 8 metros sobre el nivel del suelo, lo que asociado a un foso de la misma profundidad, sería realmente un obstáculo casi insuperable para las antiguas técnicas de guerra.

En el siglo II d. C. el griego Pausanias, quien narró sus abundantes viajes, afirma que de Babilonia casi no queda «nada, salvo la muralla». Todavía hoy dan testimonio de este «baluarte de Enlil» kilómetros de terraplenes. Pero, ¿qué sabía la Antigüedad de las Murallas de Babilonia?

Los datos de Heródoto

A mediados del siglo V a. C. el historiador griego Heródoto ofrece en su obra como parte de su descripción del Imperio persa no sólo información sobre Egipto (véase capítulo 2), sino también una detallada descripción de la ciudad de Babilonia, que se supone habría visitado en persona. Su información sobre la ciudad comienza con las siguientes palabras:

Babilonia se encuentra en un gran llano. Es cuadrangular y cada uno de sus lados tiene 120 estadios. El perímetro de la ciudad tiene un total de 480 estadios. Así es por tanto el tamaño de la ciudad de Babilonia, y está equipada como ninguna otra de las que tengamos noticia.

En primer lugar la rodea un foso ancho, profundo y lleno de agua, después una muralla de 50 codos reales de ancho y 200 de alto. El codo real es tres dedos más largo que el común.

A esto también debo añadir para qué se utilizó la tierra del foso y de qué modo se construyó la muralla. Al mismo tiempo que iban excavando el foso, la tierra que extraían la convertían en ladrillos. Una vez moldeados suficientes ladrillos, los cocían en hornos. Después usaban asfalto caliente como mortero y cada treinta hiladas de ladrillo ponían cañizos. Primero construyeron las escarpas y después, del mismo modo, la propia muralla.

En lo alto de la muralla, a lo largo de los remates construyeron garitas unas frente a otras, y entre ellas dejaron espacio suficiente para que circulara una cuadriga. En torno a la muralla hay cien puertas, todas de bronce, así como sus quicios y dinteles.

La ciudad tiene dos partes, pues la divide por su mitad un río llamado Éufrates, que fluye desde Armenia y es grande, profundo y rápido, y desemboca en el Mar Rojo. Por ambos lados la muralla llega hasta el río formando ángulo y, desde ese punto, los recodos, como falsabragas de ladrillo, se extienden a lo largo de las dos orillas del río. La ciudad propiamente dicha, repleta de casas de tres y cuatro pisos, está cortada por calles rectas, tanto las perpendiculares que conducen al río como las demás... Esta muralla es una coraza, pero en el interior corre paralela otra muralla, no mucho más débil que la otra, aunque más estrecha.

En el mundo griego, del que procedían Heródoto y su público, las ciudades eran, por lo general, pequeñas. De ese modo, es comprensible que una ciudad con 120 estadios (600 pies cada uno), esto es, más de 20 km de longitud por cada lado, tuviera que resultar para Heródoto y sus contemporáneos algo maravilloso y descomunal a la vez.

Esta sensación precisamente habría de ser la que se experimentara al oír hablar de murallas en cuya parte superior quedaba todavía espacio suficiente para una cuadriga, hecho que había de impresionar tanto más si se piensa que, en la antigua cuadriga de caballos, los animales no iban aparejados unos tras otros de dos en dos, sino los cuatro en paralelo, de modo que su paso requería mucho espacio. Por otro lado, Heródoto llega incluso a consignar las medidas de las murallas: 200 codos reales de altura y 50 de grosor. Un codo común medía 1,5 pies o 24 dedos de anchura, y el codo real alcanzaba incluso los 27 dedos; equivaldría, en consecuencia, a casi medio metro. Según las indicaciones de Heródoto, la muralla exterior de Babilonia tenía más de 300 pies de altura –unos 100 m– y más de 25 m de grosor (con lo que se elevaría hasta una altura similar a la de la torre de la catedral de Toledo y su anchura sería la misma que la de una autopista incluyendo sus dos sentidos). No cabe duda de que estos datos son bastante exagerados, pero, por si no fuera suficiente, Heródoto aporta también los de las murallas interiores (!).

En todas estas cuestiones, Heródoto asegura informar sobre lo que ha contemplado en persona, pero este muestrario de afirmaciones inverosímiles lleva a plantear la cuestión (objeto de acalorada controversia entre los investigadores de la Antigüedad) de si los datos que aporta pueden estar basados realmente en su propia experiencia. En cualquier caso, hay algunos que son, desde luego, pura fantasía...

¿Y quién hizo construir murallas tan gigantescas? Al final de su descripción sobre Babilonia, Heródoto también toca este tema, aunque sólo sea brevemente:

En Babilonia han gobernado muchos reyes que han adornado las murallas y los santuarios. Entre ellos hubo dos mujeres: la que reinó en primer lugar, cinco generaciones antes que la segunda, tuvo por nombre Semíramis. Ésta hizo levantar diques dignos de admiración a lo largo de todo llano, por el que el río antiguamente solía desbordarse. La reina que vivió después que ésta, y cuyo nombre era Nitocris, fue más inteligente que la anterior gobernante.

En Heródoto, Semíramis aparece como una más de los muchos constructores de la muralla.

Las fantasías de Ctesias

Otra cosa muy distinta aparece referida por Ctesias de Cnido, quien en torno al año 400 a. C. vivió varios años como médico en la corte del rey persa Artajerjes II (404-359 a. C.) y que escribió en relación con esta experiencia una obra muy detallada, aunque bastante fantasiosa en algunos pasajes, titulada *Persiká*. En ella se hablaba también de Babilonia. Desconocemos si afirmaba conocer la ciudad por haberla visto en persona, pues de la obra tan sólo se han conservado fragmentos. Pero el historiador griego Diodoro sí que la tuvo delante, y en el siguiente pasaje no sólo la sigue explícitamente, sino que la amplía con dos anotaciones (entre paréntesis):

Semíramis, inclinada por naturaleza a grandes empresas y ansiosa de aventajar en gloria al que la había precedido en el reino, se propuso fundar una ciudad en Babilonia. Escogió arquitectos y artesanos de todas partes, preparó los suministros necesarios y para ejecutar las obras reunió de todo el reino a dos millones de hombres. Desvió el río Éufrates por el medio de la ciudad y rodeó la ciudad con una muralla de trescientos sesenta estadios, dividida por torres grandes y muy juntas, según afirma Ctesias de Cnido, (pero Clitarco y algunos de los que más tarde cruzaron por Asia con Alejandro afirmaron que los estadios eran 365, y añadieron que, siendo éste el mismo número de días que hay en un año, [Semíramis] deseaba que coincidiera con él el número de estadios). Uniendo ladrillos cocidos con asfalto, construyó una muralla de cincuenta brazas de alto, tal como afirma Ctesias (mientras que algunos más recientes escribieron que eran cincuenta codos) y de una anchura cómodamente transitable por más de dos carros. El número de torres era de doscientas cincuenta, cuya altura y anchura estarían en proporción al volumen de las obras a lo largo de la muralla.

Es posible que el autor latino Curcio Rufo conociera también la relación de Ctesias, pues en su *Historia de Alejandro Magno,* y a propósito de la entrada de éste en Babilonia, aporta datos en parte similares a los de Diodoro.

Pero ¿qué es lo que sostenía Ctesias? Por lo que se refiere al perímetro de la muralla, cuya construcción adjudica sin discusión a la reina asiria Semíramis, lo establece en 360 estadios, es decir una cuarta parte menor que en Heródoto. Y aun así, el perímetro sigue siendo superior a 60 km (!). La braza equivale a cuatro codos (véase pág. 155), de modo que la altura de la muralla que Ctesias consigna (50 brazas) se aproxima bastante a los 200 codos reales especificados por Heródoto (100 m), lo que sigue siendo una cifra bastante increíble. Por lo que concierne al ancho, su relación es aún más generosa y permite incluso que en lo alto de la muralla el tráfico se dé en los dos sentidos...

El testimonio de los compañeros de Alejandro

El dato de que las murallas eran obra de la reina asiria Semíramis no se puso nunca en cuestión. Antes al contrario, la vaguísima relación establecida en su día por Heródoto se fue consolidando cada vez más en los escritores y en las listas de maravillas del mundo posteriores (véanse capítulos 1 y 9).

En cambio, algunos de estos autores fueron recortando las dimensiones de aquéllas hasta un grado al menos un poco más concebible. Es posible que «algunos de los que más tarde cruzaron por Asia con Alejandro» dieran unos datos más apropiados en su calidad de testigos de primera mano. En cualquier caso, en una de sus anotaciones entre paréntesis, Diodoro duda con razón de la indicación que proporciona Ctesias en relación con la altura de la muralla y menciona a «algunos más recientes» que suponen la confusión de 50 brazas con

50 codos. Una muralla cuya altura fuera de 50 codos (que sería además una unidad de medida más habitual) vendría a tener unos 22 metros, es decir una altura todavía ingente (las murallas de Ávila, por ejemplo, son aproximadamente la mitad de altas), aunque como distancia entre el coronamiento y la base del foso no deja de ser concebible.

En su otra anotación entre paréntesis, Diodoro hace una referencia explícita a un compañero de Alejandro Magno llamado Clitarco. Éste escribió probablemente todavía en el siglo IV a. C. una biografía de Alejandro dotada de mucho detalle, aunque a veces algo novelesca.

Otro que participó en la expedición de Alejandro –e incluso, en algunos momentos, en el círculo más cercano del rey– fue Onesícrito de Astipalea, quien escribió asimismo una obra sobre Alejandro Magno. Al igual que sucede con la de Clitarco, tampoco se ha conservado completa, aunque probablemente los datos que en el siglo I d. C. el erudito griego Estrabón aporta sobre Babilonia en su *Geografía* proceden de él. Sobre las Murallas de Babilonia se dice:

Babilonia se encuentra en un llano. El perímetro de su muralla es de 385 estadios, el grosor de 32 pies, la altura del lienzo entre las torres es de 50 codos, la de las torres es 60. El adarve sobre la muralla es tal que pueden circular cuadrigas en los dos sentidos fácilmente. Por eso se dice que tanto ésta como los jardines colgantes son unas de las Siete Maravillas del mundo.

Estrabón, que a diferencia de los autores citados anteriormente califica expresamente la Muralla de Babilonia como maravilla del mundo, menciona también su gran perímetro. Pero respecto a su altura –para la cual da la misma cifra que Diodoro–, y también respecto a su grosor –que cuantifica en 32 pies, es decir unos 10 m–, ofrece unas medidas más razonables que las proporcionadas por Heródoto y Ctesias, y que además se ajustan a los hallazgos arqueológicos.

Un testimonio de la Babilonia helenística

Por último vamos a escuchar a un hombre originario de la misma Babilonia: Beroso. Fue un sacerdote que vivió en esa ciudad en el siglo III d. C.; escribió una obra titulada *Babuloniaká* que abarcaba desde los tiempos primitivos hasta la muerte de Alejandro Magno y estaba dedicada al rey seléucida Antíoco I, hijo de Seleuco, uno de los epígonos en Siria. Esta obra tampoco se ha conservado, pero el historiador judío Flavio Josefo cita textualmente el pasaje en cuestión justo en dos de sus obras en griego:

Al oír su padre Nabopolasar que el sátrapa destinado en Egipto y en los lugares en torno a Celesiria y a Fenicia había hecho defección, y como ya no podía soportarlo más, cedió parte de sus fuerzas a su hijo Nabucodonosor, que ya tenía edad, y lo envió contra aquél. Nabucodonosor salió al encuentro del insurrecto, trabó lucha con él y lo venció, con lo que volvió a poner las tierras bajo su dominio.

Por aquel tiempo resultó que su padre Nabopolasar se puso enfermo y dejó la vida en la ciudad de los babilonios tras veintiún años de reinado. Al saber Nabucodonosor, no mucho después, que su padre había fallecido, arregló los asuntos de Egipto y los de las restantes tierras, y ordenó a algunos de sus compañeros que con las tropas pesadas y el resto de las auxiliares condujeran hasta Babilonia a los prisioneros judíos, fenicios, sirios y los de los pueblos egipcios. Él se puso en marcha hacia Babilonia con una pequeña comitiva a través del desierto.

Se encontró con que sus asuntos habían sido administrados por los caldeos y que su reino había sido guardado por el mejor de ellos. Comenzó a regir la totalidad de los dominios de su padre y, una vez que llegaron los prisioneros, ordenó que les asignaran asentamientos en los lugares más adecuados de Babilonia. Y con el botín de guerra él mismo adornó generosamente el santuario de Bel, remozó las partes antiguas de la ciudad y construyó por fuera una nueva; y con el fin de evitar que posibles sitiadores de la ciudad pudieran desviar el río, rodeó la ciudad más interior con tres murallas y con otras tres la exterior. Hizo aquéllos con ladrillo cocido y asfalto, y éstos de adobe. Tras fortificar Babilonia de manera tan admirable y adornar las puertas como a santuarios, hizo construir otro palacio junto al paterno.

Beroso, que como ya se ha dicho era originario de Babilonia, hace en su obra primeramente un bosquejo, en esencia correcto, de la historia de la dinastía caldea y no ofrece datos de ningún tipo acerca del tamaño, la altura ni la anchura de las Murallas de Babilonia, sino que se limita a mencionar el «triple» amurallamiento (que los hallazgos arqueológicos han demostrado).

Y a diferencia de Heródoto con sus alusiones, y de Ctesias y Clitarco con su lujo de detalles, el babilonio no nombra a Semíramis como constructora de las murallas, sino a Nabucodonosor, y con toda razón, como ya hemos visto.

Las Murallas como maravilla del mundo

Pese a todo, no será Beroso con su sobrio relato quien haya de tener la última palabra sobre las Murallas de Babilonia, sino que serán los datos de Heródoto y probablemente también las fantasías de Ctesias transmitidas por Diodoro los que no dejarán de suscitar de forma constante nuevas conjeturas en los autores posteriores. Esto se aprecia con claridad en la *Guía por las Siete Maravillas del Mundo* de Filón de Bizancio:

Semíramis, además de condición real, tuvo inteligencia. Por esa razón al morir dejó un tesoro de espectáculo, pues fortificó Babilonia echando cimientos de trescientos sesenta estadios, de modo que recorrer el perímetro de la ciudad requiere el esfuerzo de un día de marcha. Pero no sólo en su tamaño está lo admirable, sino también en la seguridad de su factura y en las anchuras del área intramuros. La muralla está hecha de ladrillo cocido y asfalto. Y la altura de la muralla es de más de cincuenta codos, mientras que el ancho de los adarves deja circular cuatro cuadrigas de cuatro caballos al mismo tiempo. Las numerosas y continuas torres pueden contener a un numeroso ejército en sus plataformas. Por esa razón la ciudad es el baluarte de la Persis y oculta encerrado dentro de sí todo el mundo habitado. Tantos son los miles de personas que habitan toda el área amurallada. Tanta tierra labran otros con dificultad como tiene habitada Babilonia y aquellos que viven allí son los únicos que pueden ir de viaje sin salir de sus murallas.

Por lo que respecta al perímetro y la altura de las murallas, Filón sigue los datos habituales con posterioridad a la época de Heródoto y Ctesias, pero en lo concerniente a su constructora, es decir, Semíramis, la información se ofrece como muy segura. En lo relativo a la anchura de las murallas, va todavía mucho más allá de lo que se había dicho hasta el momento: en Heródoto el adarve ofrecía espacio sólo para una cuadriga, en Ctesias eran ya dos los carros que cabían, pero en Filón alcanzan ya anchura suficiente para cuatro cuadrigas (!). Llegados a este punto, no asombra en absoluto que las plataformas de las torres puedan acoger a todo un ejército...

Semíramis

En el imaginario de la Antigüedad, las Murallas de Babilonia eran por su tamaño, altura y anchura, increíblemente grandes, y es precisamente en esta enormidad en lo que parece consistir su propiedad como maravilla del mundo. Que las Murallas de Babilonia aparecen en la mayoría de las listas, tanto antiguas como medievales, mencionando siempre, además, a Semíramis como su constructora, es un hecho. También la imagen que de los *Babylonis Muri*, las Murallas de Babilonia, se hizo en el siglo XVI Maarten van Heemskerck (figura 4) los retrotrae hasta Semíramis.

Semíramis (Sammu-ramat), esposa del rey asirio Shamshi-Adad V (823-810 a. C.) y madre de su hijo y sucesor, Adad-nirari III (809-782 a. C.), debió de

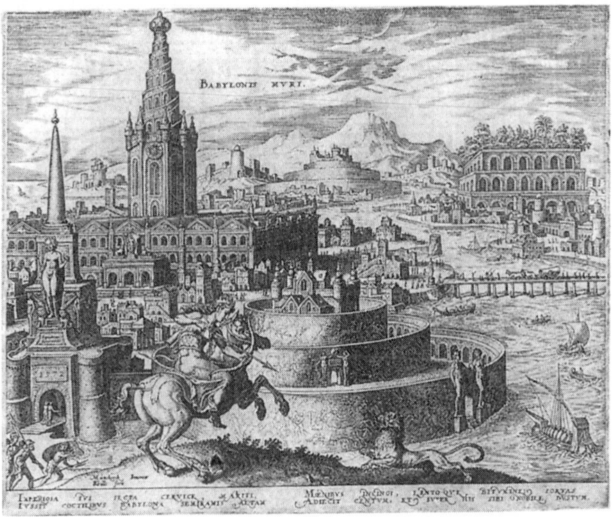

FIGURA 4. Maarten van Heemskerck: Las Murallas (y los Jardines Colgantes) de Babilonia (1572).

tener cierta influencia como reina madre tras la temprana muerte de su marido, pero que las Murallas de Babilonia se deban a sus iniciativa, tal como suponía la Antigüedad clásica, es muy improbable, sobre todo teniendo en cuenta que después de Semíramis la ciudad fue destruida varias veces, mientras que después de Nabucodonosor se mantuvo intacta por mucho tiempo.

¿Por qué, entonces, Semíramis? No bastaba tan sólo con que Babilonia tuviera murallas de un tamaño inimaginable. Dentro de la sociedad antigua y medieval dominada por hombres, el mero hecho de que estas poderosas murallas hubieran sido levantadas por una mujer –y no por una hetera, sino por toda una reina– hacía aumentar su singularidad hasta lo completamente inconmensurable.

4. Los Jardines Colgantes de Babilonia

Palacios y paraísos

... Pero Odiseo
marchó a la famosa morada de Alcínoo y de pie mucho
pensaba su corazón antes de pasar el broncíneo umbral,
pues como un brillo del sol o de la luna relucía
por los altos techos la casa del magnánimo Alcínoo ...
Por fuera del patio, junto a sus puertas, hay un gran huerto
de cuatro yugadas. En torno a él corre un cerco a ambos lados.
Ahí crecen altos árboles vigorosos:
perales, granados y manzanos de brillantes frutos,
dulces higueras y olivos frondosos.
De éstos no falta nunca el fruto ni se pasa
ni en invierno ni en verano, así durante todo el año, sino que siempre
sopla el céfiro y los hace crecer y a otros los madura.
Pera envejece sobre pera y manzana sobre manzana,
y uva sobre uva, higo sobre higo.

Allí enraíza un viñedo de muchos racimos…
Esos brillantes regalos de los dioses estaban en la casa
de Alcínoo.
Allí permanecía de pie absorto el ingenioso, divino
Odiseo.
Pero cuando en su ánimo hubo contemplado todo,
atravesó ágil el umbral hacia el interior de la morada.

Según cuenta Homero, Odiseo, en el curso de su atribulado regreso, fue arrojado a las costas del país de los feacios, donde del rey Alcínoo le brindó acogida. Pero antes de entrar en el palacio de éste, miró a su alrededor y contempló maravillado su magnífica mansión y el exuberante jardín anexo.

Para las gentes del mundo mediterráneo y el Oriente antiguos, los jardines fueron siempre algo especial, sobre todo teniendo en cuenta que el calor del clima requería una enorme habilidad a la hora de plantarlos y cuidarlos. La mayoría de los palacios orientales de la Antigüedad tenía un parque que estaba unido a los aposentos reales por un acceso directo y permitía a los monarcas solazarse en él sin ser molestados. Y, en efecto, la palabra para este tipo de instalaciones procedía de Oriente y, a través del griego, pasó también a nuestra lengua: del persa *pairidaeza* procede el griego *parádeisos* y, finalmente, el español «paraíso».

Aunque no dispongamos de noticias coetáneas que lo demuestren (al menos hasta el momento), es de suponer que Nabucodonosor II debió de tener un jardín en palacio también en Babilonia; los testimonios arqueológicos correspondientes no han salido todavía a la luz. En la inscripción cuneiforme de Nabucodonosor ya mencionada en el capítulo 3 se afirma:

Entre ellas [las murallas de las orillas] levanté una edificación de ladrillo. Encima construí un gran «kummu» de asfalto y ladrillo como residencia de mi real majestad, que sobresalía en lo alto.

Sin embargo, no sabemos qué era exactamente este *kummu,* ni siquiera dónde se encontraba. Por todo ello, y por lo que se refiere a los jardines de Babilonia, dependemos por completo de los comentarios antiguos. Aún así, precisamente en las dos fuentes más antiguas acerca de la topografía de Babilonia mencionadas ya en el capítulo anterior no existe ningún indicio concreto al respecto. Ni en *Tintir es Babilonia* –descripción de la ciudad escrita en cuneiforme– ni en el relato que realizó Heródoto en griego a mediados del siglo v a. C. aparece mención alguna a un jardín.

Y es que, en efecto, encontramos que todas las referencias de autores antiguos a los Jardines Colgantes no se retrotraen más allá del siglo IV a. C., y que se trata en concreto de autores cuyas obras se han perdido en su conjunto y que sólo se han preservado indirectamente a través de citas en obras de la literatura posterior traídos ya a colación, asimismo, en el anterior capítulo. Pues bien: ¿qué podemos obtener de estas menciones?

Las fantasías de Ctesias

Como indicación más antigua debemos considerar la de Ctesias de Cnido, cuyas *Persiká* tratan de su estancia en la corte del rey de Persia en torno al 400 a. C. Ya hemos indicado que Diodoro sigue a éste en los datos que aporta sobre las Murallas de Babilonia. Sin embargo, no es este el caso por lo que atañe a los Jardines Colgantes, para los que parece hacerse eco de los de Clitarco. Con todo, los apuntes de Ctesias podrían ser la base de un pasaje sobre Babilonia que se encuentra en la biografía de Alejandro Magno escrita por Quinto Curcio Rufo en latín:

En lo alto de la ciudadela, maravilla célebre en las narraciones de los griegos, están los jardines colgantes, iguales en altura al coronamiento de las murallas y agradables por la sombra y corpulencia de muchos árboles.

Los pilares que sostienen todo el peso son de piedra. Sobre los pilares se ha puesto un suelo de sillares para recibir la tierra, que han depositado hasta gran altura, y el agua con el que riegan esta tierra. Y esta mole sostiene árboles tan robustos que sus troncos alcanzan los ocho codos de grueso, se alzan cincuenta pies de altura y además dan fruta como si fueran alimentados por la propia tierra. Y aunque el paso del tiempo corroe poco a poco no sólo las obras hechas por mano del hombre, sino también la propia naturaleza, esta mole, oprimida por tantas raíces de árboles y cargada por el peso de tan gran bosque, permanece inalterada. La sostienen muros de veinte pies de anchura separados por intervalos de once pies, de modo que a los que la contemplan desde lejos les parece que son bosques dominando sobre sus montes.

Se ha transmitido por tradición que un rey de Siria que reinó en Babilonia construyó esta obra movido por amor a su esposa, quien por nostalgia de los bosques y espesuras en estos lugares tan llanos movió a su marido a imitar con tal género de obra el encanto de la naturaleza.

Esta crónica ofrece algunos datos verdaderamente fantásticos relativos a la apariencia de los Jardines de Babilonia: árboles de 8 codos, es decir de unos 3,5 m de diámetro, no habrían podido crecer en ningún lugar de Oriente ni siquiera con una buena capa de mantillo.

Se aprecia asimismo en esta descripción bastante vaguedad en lo referente a la situación de los jardines, pues sólo se dice que se encontraban «en lo alto de la ciudadela». Y como su constructor figura un «rey de Siria» sin mayores especificaciones.

El testimonio de los compañeros de Alejandro

Más concretas son, por el contrario, las afirmaciones que, al menos en su núcleo, proceden de aquellos que acompañaron a Alejandro Magno, como, por ejemplo, las de Onesícrito de Astipalea, cuya obra –como se señaló en el capítulo 3– tuvo ante sí el geógrafo griego Estrabón. Inmediatamente después de lo que dice en ella acerca de las Murallas de Babilonia, éste escribe:

Por eso dicen que forman parte de las Siete Maravillas del Mundo ésta [la muralla] y el Jardín Colgante, de forma cuadrangular, cada uno de cuyos lados tiene cuatro pletros. Se sostiene por arcos abovedados que descansan unos tras otros sobre pilares parecidos a cubos. Los pilares son huecos y están llenos de tierra, de modo que admiten la plantación de árboles de los más grandes. Tanto éstos como los arcos y las bóvedas están construidos con ladrillos y asfalto. La cubierta superior tiene accesos semejantes a escaleras y también tornillos anejos gracias a los cuales los encargados de esto hacen subir constantemente el agua desde el Éufrates hasta el jardín. El río, de un estadio de ancho, pasa por el medio de la ciudad y el jardín está pegado al río.

Si 1 estadio mide 600 pies, es decir, unos 180 m, 1 pletro mide 100 pies, esto es unos 30 m. De este modo, el Jardín Colgante (Estrabón utiliza el singular, al igual que la mayoría de los otros autores) tenía una superficie de 120 × 120 m, es decir, casi 1½ ha o 4 yugadas: precisamente el tamaño del jardín junto al palacio de Alcínoo.

A tenor de esta crónica, el jardín se regaba por medio de tornillos, que posibilitaban el traslado de agua desde el Éufrates hasta las alturas. El jardín se encontraba junto al río.

Es evidente que Clitarco, otro de los compañeros de Alejandro, describió ese mismo parque, pues Diodoro hace referencia a sus escritos en una descripción que inserta entre dos pasajes sobre Semíramis:

También estaba junto a la ciudadela el llamado Jardín Colgante, construido no por Semíramis, sino por un rey de Siria posterior, por causa de una de sus mujeres, una concubina. Se dice que ésta era de origen persa y que añoraba los prados de los montes, por lo que le pidió al rey que imitara mediante las buenas artes del cultivo los rasgos de la tierra persa.

Este parque es de unos cuatro pletros por cada lado, tiene un acceso empinado y niveles unos sobre otros, de modo que su aspecto se parece a un teatro. Bajo estas construcciones escalonadas se hicieron galerías que soportan todo el peso del ajardinado y que siguiendo la pendiente se van elevando ligeramente unas respecto de las otras a breves intervalos. La galería superior tiene cincuenta codos de alto y porta sobre sí la planta superior del jardín, que está al mismo nivel que el contorno amurallado. A continuación los muros de lujosa factura tienen veintidós pies de grosor y cada uno de sus intervalos diez pies de anchura. Vigas de piedra cubren la techumbre; éstas tienen, incluyendo los extremos, dieciséis pies de largo y cuatro de ancho. El techado sobre estas vigas tenía primero una capa de cañizo con una gran cantidad de asfalto, después una doble de ladrillos cocidos unidos por yeso, y una tercera hilada recibía placas de plomo para que la humedad del terreno rellenado no calara en profundidad. Encima de todo esto se amontonó tierra a una altura suficiente para que bastara a las raíces de los árboles más grandes. El suelo bien aplanado estaba lleno por todas partes de vigorosos árboles, que por su porte y su demás gracia regocijaban a quienes lo contemplaban. Las galerías recibían luz por los retranqueos entre ellas y tenían muchas estancias reales de todo tipo. Sólo una de la planta superior tenía aberturas y máquinas para captar agua, gracias a las cuales se subía gran cantidad de ésta desde el río [Éufrates] sin que nadie desde el exterior fuera capaz de darse cuenta de ello. Así pues, tal como se ha dicho, este jardín fue construido después.

Con mayor precisión que en la crónica citada antes, en ésta se describe la disposición del jardín (Diodoro habla repetidamente de un *parádeisos).* El dato sobre la altura de la capa superior encaja con el que aporta Estrabón en relación con la altura de las murallas. Igualmente se presupone aquí que el jardín estaba contiguo al Éufrates. De su constructor se dice explícitamente que no fue Semíramis, sino «un rey de Siria posterior», aunque no se especifica quien ni cuánto tiempo posterior a aquélla.

Un testimonio de la Babilonia helenística

Prestemos oído, por último, a alguien que procedía de la misma Babilonia: Beroso. En su *Babuloniaká*, que también nos es ya conocida por la descripción de las murallas (véase capítulo 3), se dice literalmente a continuación de lo que cita Flavio Josefo:

Tras fortificar [Nabucodonosor] Babilonia de manera tan admirable y adornar las puertas como a santuarios, hizo construir otro palacio junto al paterno, cuya majestuosidad y demás lujos llevaría tal vez mucho tiempo describir si alguien quisiera hacerlo; sólo diré que se finalizó en quince días pese a ser una mole tan grande y magnífica.

En este palacio construyó en pendiente y con piedra altos muros de contención y les dio una forma muy similar a montes. Hizo plantar muchos árboles de todo tipo, y construyó y llevó a cabo el llamado Jardín Colgante porque su mujer echaba de menos el paisaje montañoso por haberse criado en la zona de Media.

Una vez más, Beroso renuncia a presentar una relación aderezada con fantasías (bajo los «quince días» se ha supuesto que hay un error de copia por quince años), llegando incluso a rechazar expresamente cualquier ornamento. Sus afirmaciones sobre la situación del jardín no contradicen los datos de los otros autores mencionados hasta el momento, pero va más allá cuando dice a qué rey debe atribuirse la creación del Jardín Colgante (también él utiliza la palabra griega *parádeisos)* al nombrar de nuevo, como en el caso de las murallas, a Nabucodonosor II (625-605 a.C.).

Los Jardines como maravilla del mundo

Dejando de lado las fantasías de Ctesias, vale la pena preguntarse la razón de que estos jardines fueran tenidos por una de las maravillas. Al fin y al cabo, se encuentran ya reseñados en la primera lista de las Siete Maravillas que se conserva (es decir, en el poema de Antípatro de Sidón del siglo II a. C., mencionado en el capítulo 1). En los textos presentados hasta el momento se subraya por una parte lo macizo de su construcción, no sólo de ladrillo, sino también de piedra (poco habitual en Mesopotamia), y por otra la irrigación, realizada por medio de tornillos o «máquinas», que llegaba incluso a las partes más altas del jardín. Fue precisamente este aspecto técnico lo que interesó de manera especial a Filón de Bizancio en su obra sobre las Siete Maravillas del mundo:

El llamado Jardín Colgante tiene su plantación por encima de la tierra y se cultiva en el aire formando un techo con las raíces de los árboles por encima del suelo. Unas columnas de piedra están debajo y todo el lugar es subterráneo gracias a sus pilares. Como vigas hay palmeras y el espacio que queda entre ellas es muy reducido. Esta madera es la única de todas que no se corrompe, y al ser humedecida y oprimida por el peso se comba hacia arriba, también alimenta las germinaciones de las raíces tomando en sus propios intersticios su consolidación externa. Sobre las vigas se ha vertido mucha tierra en profundidad, y, finalmente, se han plantado árboles de hoja plana y, sobre todo, ornamentales, así como flores de muchos colores y de todo tipo de especies, en resumen, de todo lo que resulta gozoso para la vista y agradable para el disfrute. El lugar se laborea como el propio suelo y acoge el cultivo de plantones igual que la tierra firme. Este labrantío está por encima de las cabezas de los que circulan entre los pilares. Si se pisa la superficie por arriba, la tierra permanece inamovible sobre los techos y virgen como en lugares con tierra firme.

Las venidas de agua tienen sus fuentes en lugares más altos y bien adoptan una corriente recta y cuesta abajo, bien ascienden en espiral por empuje, pues se va dando vueltas al tornillo de las máquinas gracias a la fuerza de instrumentos. En abundantes y grandes pilas se vierte el agua con la que riegan todo el jardín, humedecen en profundidad las raíces de las plantas y mantienen la tierra húmeda; de ahí que precisamente la hierba esté siempre verde y las hojas de los árboles, que crecen en suaves ramas, se vean alimentadas naturalmente por el rocío y movidas por la brisa. Como las raíces se mantienen sin sed, van absorbiendo la humedad de las aguas que escurren y van girando firmemente en torno a los entramados subterráneos, con lo que guardan firme y seguro el crecimiento de los árboles. Lujuriante y real es esta obra maestra y lo que más chocante resulta es que todo el trabajo del cultivo cuelga sobre las cabezas de los que lo admiran.

Al igual que los autores cuyos apuntes suelen proceder en última instancia de Ctesias y de Clitarco, también Filón menciona máquinas de riego o «tornillos» que permitirían regar de manera continua las zonas del jardín situadas a gran altura. En realidad, estos mecanismos, llamados por su inventor, Arquímedes (287-212 a.C.), «tornillos de Arquímedes», permitían mediante el giro de una espiral introducida en un cilindro elevar el agua no por aspiración –como se supondría en una bomba–, sino valiéndose de un sencillo movimiento rotatorio (como en una rueda de pedales).

Este tipo de máquinas para elevar el agua no se inventó en tiempos de Nabucodonosor (mucho menos en los de Semíramis), pero tampoco en los de Ctesias o Clitarco. No es casualidad, por tanto, que Beroso –cuyo texto es el primero que se nos ha conservado en una cita literal– no haga mención de ellas. ¿Es posible, entonces, que hayan sido introducidas por los autores posteriores al citar a otros anteriores (precisamente en las citas que no son literales), al creer desde su perspectiva que estas máquinas eran el único método posible para subir el agua? Pero ¿qué fiabilidad tienen entonces sus otras referencias? ¿Deja de ser casualidad, entonces, que ni el escrito topográfico cuneiforme *Tintir es Babilonia* ni Heródoto se hagan eco de los jardines? ¿Acaso los jardines fueron creados sólo a partir del siglo III, y con la expresión «un rey de Siria posterior» se hace referencia a uno de los Seléucidas que gobernaron el país después de Alejandro Magno? ¿A cuál de ellos? Pero ¿por qué entonces el babilonio Beroso se refiere explícitamente a Nabucodonosor II como constructor de los jardines en una obra dedicada precisamente a un Seléucida?

En relación con todo esto surge también la cuestión de por qué hasta la fecha no ha sido posible localizar los jardines de Babilonia. Robert Koldewey, el explorador de la ciudad, supuso –con toda la prudente cautela científica– que los jardines hubieron de encontrarse sobre un edificio abovedado para cuya construcción se habían empleado bloques de piedra (tal como se menciona en las antiguas fuentes) y que él halló en ruinas. Sin embargo, este edificio está ubicado en el lado del palacio de Babilonia apartado del río y, por tanto, contradice a los autores que atestiguan expresamente que la ubicación del jardín estaba junto al Éufrates. Este lugar tampoco mide cuatro yugadas. Algunos intentos recientes son igualmente insatisfactorios, pues o bien postulan un lado del palacio que da al Éufrates (aunque falta algún testimonio arqueológico de un jardín o siquiera de una poderosa subestructura de piedra, tal como aparecen descritos en los antiguos autores), o bien lo vinculan con el palacio de verano que se encuentra al norte del todo junto al Éufrates, fuera de las murallas de la ciudad, aunque dentro de las murallas exteriores. Sin embargo, esta construcción –en la medida que ha sido investigada por los arqueólogos– no presenta ningún tipo de poderosa subestructura de piedra.

Pero, ¿tiene algún sentido buscar los Jardines Colgantes? ¿No sería igualmente posible, incluso más bien probable, que el jardín del palacio de Nabucodonosor (intencionadamente inaccesible al público), y que según las propias palabras del rey, era una «residencia de mi real majestad, que sobresalía en lo alto» de las murallas, hubiera dado alas a la fantasía de los griegos tal como el jardín de Alcínoo que debemos a la imaginación de Homero?

Los dos jardines se encontraban junto a un magnífico palacio, los dos tenían cuatro yugadas, y los dos estaban «bien cercados». De hecho, en torno al tema «jardines famosos» Plinio los menciona una vez junto a dos conocidos por la mitología: «el del rey de Alcínoo y los Jardines Colgantes, quien sea que los haya hecho, Semíramis o un rey de Siria»; efectivamente, el jardín de Alcínoo aparece en una lista posterior de maravillas del mundo en lugar de los Jardines Colgantes (véase capítulo 9).

El jardín adosado al palacio de Alcínoo, según hemos visto al principio de este capítulo, estaba caracterizado por la eterna fertilidad: «De éstos no falta nunca el fruto ni se pasa, ni en invierno ni en verano, así durante todo el año».

¿Resulta, pues, tan extraño que se adscriban otras maravillas a la residencia real de Nabucodonosor II ubicada en lo alto de las Murallas de Babilonia? Ni para los textos coetáneos ni para Heródoto había cosa digna de mención. Sólo autores posteriores «vieron» en el jardín del palacio de Babilonia maravillas cada vez mayores y no se arredraron ante los anacronismos. Pero ¿acaso no se iría imponiendo la idea de ver una maravilla en el gran jardín de palacio (tal vez no era tan impresionante, pero sí inaccesible) dentro de una Babilonia que ya era de por sí una maravilla?

Semíramis

¿Y Semíramis? Ninguna fuente antigua ni tampoco ninguna relación antigua de maravillas del mundo dice claramente que Semíramis sea la constructora de los Jardines Colgantes. En Diodoro una conexión al respecto se rechaza incluso de manera explícita.

Sólo en época moderna aparece Semíramis como dueña de los Jardines Colgantes, y probablemente debido a su relación con las Murallas de Babilonia, que sí se ponían en relación con esta reina (sin ninguna razón real, aunque sí, por lo menos, en consideración a lo que decían los antiguos textos). Los dos monumentos se encuentran presentes en la ilustración (figura 4, pág. 59) que Maarten van Heemskerck hizo en el siglo XVI de los *Babylonis Muri*, las Murallas de Babilonia: en ella vemos el triple amurallamiento y, en segundo plano, los Jardines Colgantes sobre la azotea de un palacio de tres plantas. Uno y otros se encuentran ya en 1572 adscritos a Semíramis.

En resumen: la maravilla de los Jardines Colgantes, el paraíso en el palacio de Babilonia, ilocalizables para la arqueología, floreció sobre todo en la fantasía de los antiguos; por su parte, la noción de los Jardines Colgantes *de* Semíramis lo hizo sólo a partir de época moderna.

5. La Estatua de Zeus en Olimpia

Los Juegos Olímpicos y Zeus

Así como las tres maravillas tratadas previamente procedían del Antiguo Oriente, la estatua de Zeus en Olimpia nos lleva hasta el mundo griego. Según se pensaba en la Antigüedad, la primera fecha segura en la historia de ese mundo era precisamente la de los primeros Juegos Olímpicos, que se celebraron en el antiguo santuario oracular de Zeus en Olimpia, una localidad de la región griega de la Élide junto al río Alfeo, en el Peloponeso, en el año correspondiente al 776 a. C. de nuestro cómputo. De este modo, los acontecimientos se fechaban en referencia al tiempo transcurrido entre ese primer año de la primera Olimpíada y el suceso posterior en cuestión (como los juegos se celebraban cada cuatro años, el período de cuatro años de la segunda Olimpíada dio comienzo en el año 772 a. C., y el de la 50.ª Olimpíada en el año 580 a. C.).

Sin embargo, sólo fue a partir del siglo VI a. C. cuando los *agones* («competiciones») de Olimpia fueron reconocidos en el mundo griego como los más importantes de los cuatro denominados «*agones* de coronación», cuyo nombre se explica porque, al igual que en las competiciones de Olimpia, tanto en Delfos como en Nemea o en el istmo de Corinto el premio por la victoria consistía únicamente en una corona (tanta gloria otorgaba al vencedor que cualquier otra recompensa estaba de más). Poco después, el Altis, el recinto sagrado de Olimpia, fue engalanado con edificios estables: en el segundo cuarto del siglo V a. C. se erigió allí el gran templo de Zeus sobre una superficie de casi 28 m por más de 64 y con una altura de vano de unos 14,5 m. En su momento fue el templo más grande de todo el Peloponeso. No fue sino hasta algunos años después de su finalización cuando el famoso escultor Fidias erigió la estatua de Zeus, que fue una obra gigantesca: sobre un armazón interior, oculto para el espectador, se dispusieron placas de oro y marfil con las que se representaba la ropa y la piel del dios mediante un método que Fidias ya había utilizado anteriormente con bastante éxito en otra figura no menos famosa en la Antigüedad: la estatua de Atenea de la Acrópolis de Atenas.

Mientras los Juegos Olímpicos son bien conocidos hoy en día –y no sólo gracias a su restablecimiento en época moderna– y los tambores de las columnas del templo de Zeus –que cayeron a un tiempo durante un terremoto como si fueran rodajas– son en la actualidad una de las más famosas atracciones turísticas del lugar, de la Estatua de Zeus no se ha conservado nada en absoluto. Los testimonios que hay de ella proceden casi exclusivamente de los textos antiguos. ¿Qué idea transmiten estos textos de una obra mencionada ya en la primera lista de las maravillas del mundo conservada íntegramente (véase capítulo 1)?

Una atracción de visitantes

En la Antigüedad, la Estatua de Zeus del templo de Olimpia era sin lugar a dudas una de las atracciones que más interés despertaban. Ya el poeta Calímaco escribió en el siglo III a. C. un poema de acompañamiento para un primer «turista» que quisiera acudir a ver esta obra; en él, a tenor de lo que permiten colegir los escasos fragmentos conservados, se ponían en verso las dimensiones de la estatua. De acuerdo con su contenido, el trono tenía 30 pies de alto y la figura del dios otros 5 codos, es decir 7,5 pies más. De esto resulta que la estatua tenía una altura total de casi 12 m, y, con ello, se acercaba mucho a la altura del interior del templo. Dos siglos más tarde Estrabón hizo al respecto unos comentarios en su *Geografía:*

Olimpia comenzó a despuntar gracias al oráculo de Zeus Olímpico, pero una vez declinado éste, la fama del santuario no sólo perduró, sino que adquirió su auge, tal como lo conocemos, gracias a la concentración que allí se lleva a cabo y al *agon* olímpico [los Juegos Olímpicos], considerado como de coronación y sagrado, en mayor medida que ningún otro. Fue adornado por multitud de ofrendas procedentes de toda Grecia. [...] La mayor de éstas fue la estatua de Zeus realizada en marfil por el ateniense Fidias, el hijo de Cármides, y la hizo de tan gran tamaño que, aun siendo el templo muy grande, parecía que el artista había errado en las proporciones: a pesar de hacerla sedente, la cabeza casi toca el techo, de modo que da la impresión de que si se alzara y se pusiera derecha levantaría el techo del templo.

Algunos pusieron por escrito las medidas de la estatua y Calímaco incluso las expresó en algunos yambos. Fidias tuvo una gran ayuda en Paneno, el pintor, que era su sobrino y que colaboró en adornar la estatua con colores, y especialmente, los de la vestimenta. Alrededor del templo se muestran también muchas y asombrosas obras de este pintor. Se recuerda aún que Fidias, al preguntarle Paneno por el modelo que pensaba seguir para hacer la imagen de Zeus, le respondió que por el que Homero expresó en los versos siguientes:

Dijo, y con sus oscuras cejas asintió el Cronión,
y la melena de ambrosía del soberano se agitó
en la inmortal cabeza, y el vasto Olimpo se estremeció.

Expresión extremadamente bella a mi parecer, pues tanto por los otros detalles como por el de las cejas el poeta sugiere la representación de una gran figura y de un gran poder digno de Zeus. Y lo mismo hace con Hera, guardando el decoro pertinente a cada uno, pues de ella dice:

Se agitó en su trono y el ancho Olimpo se estremeció.

Lo que sucede con Hera al moverse toda ella, sucede con Zeus al asentir solo con las cejas y agitar ligeramente su cabellera.

Gracias a Estrabón podemos conocer la impresión que la Estatua de Zeus en Olimpia, obra de Fidias, causaba en los antiguos –es decir, una impresión acorde con la excelsa poesía de Homero–. No es el caso, sin embargo, por lo que concierne a su aspecto.

Por Plinio, quien sobre el Zeus de Fidias dice simplemente que «nadie le discute la supremacía», sabemos a la consideración general de la que gozaba la estatua. Plinio menciona tan sólo unas pocas obras de este maestro, entre ellas la estatua crisoelefantina de Atenea en la Acrópolis de Atenas y una amazona de bronce presente en Éfeso (véase capítulo 6). Y, en efecto, el que cada vez mayor número de personas se pusieran en camino para visitar la Estatua de Zeus en Olimpia se pone de manifiesto de manera incidental en un diálogo didáctico escrito en el siglo I d. C. por el filósofo griego Epicteto de Hierápolis (Frigia):

EPICTETO: Viajáis hasta Olimpia para ver la obra de Fidias y todos y cada uno de vosotros consideráis que es una tragedia morir sin haberla visto. Y donde no hay necesidad de viajar, sino que ya estáis allí y os encontráis junto a las obras, ¿no deseáis contemplarlas y comprenderlas? ¿No os dais cuenta, por tanto, ni de quiénes sois ni para que estáis aquí ni para qué habéis recibido la vista?

INTERLOCUTOR: ¡Pero es que en la vida hay cosas desagradables y difíciles!

EPICTETO: ¿Y no las hay en Olimpia? ¿No os achicharráis de calor? ¿No os sofocáis? ¿No os agobia la multitud? ¿No os aseáis malamente? ¿No os mojáis cuando llueve? ¿Es que queréis gozar del ruido, del griterío y demás molestias?

Con todo, la descripción más completa se debe al escritor griego Pausanias, que pasó por Olimpia en el siglo II d. C. El relato de los monumentos del Altis comienza con el templo y la Estatua de Zeus, sobre la que precisamente dice:

El dios está sentado en un trono y está hecho de oro y marfil. En la cabeza tiene colocada una corona que imita a un ramo de olivo. En la mano derecha porta una Nike [diosa de la victoria] igualmente de marfil y oro, que tiene una cinta y sobre la cabeza lleva una corona. En la mano izquierda del dios hay un cetro adornado con todo tipo de metales. El ave posada sobre el cetro es el águila [el ave propia de Zeus]. De oro también son las sandalias del dios e igualmente su túnica, en la que se han representado animalillos y flores de lirio.

El trono es colorido por el oro y las piedras, y colorido por el ébano y el marfil. También se han pintado sobre éste elaboradas representaciones de animales y figuras. Cuatro Nikes en actitud de bailar están representadas una en cada pata del trono, y otras dos más al pie de cada pata. […] Entre las patas del trono hay cuatro rodapiés, que van de una pata a otra. En el rodapié justo frente a la entrada hay siete figuras, pues nadie sabe de qué modo desapareció la octava de ellas. Éstas serían representaciones de competiciones antiguas, pues en tiempo de Fidias aún no se habían instituido las competiciones de muchachos. Dicen que precisamente el que se está atando una cinta a la cabeza se parece a Pantarques. Éste era un joven eleo que fue querido de Fidias. También Pantarques se llevó la victoria en la lucha de muchachos en la 86.ª Olimpíada.

[...] Aunque sé que ya se han registrado las medidas del ancho y alto del Zeus en Olimpia, no voy a alabar a los que las tomaron, pues incluso las medidas que dieron quedan muy lejos de la impresión que reciben quienes contemplan la estatua.

El texto de Pausanias es, de lejos, la descripción antigua más detallada de una obra de arte. En el extracto aquí recogido se han dejado de lado numerosos detalles sobre las escenas mitológicas representadas en el trono y en las pinturas que lo rodean. Cierto es que Pausanias se ciñe principalmente al propio trono y a las partes de la estatua próximas al suelo. Pero ¿prescinde de dar datos más concretos porque serían perjudiciales para el «efecto» que la estatua había de producir sobre sus lectores, o simplemente no fue capaz de apreciar bien las partes superiores de la estatua en la penumbra reinante en el interior del templo? En cualquier caso, no obtenemos aquí ningún dato más sobre el aspecto de la Estatua de Zeus.

Pese a todo, con la mención de Pantarques, Pausanias ofrece una referencia válida para datar los trabajos de Fidias en Olimpia: si este muchacho (cuyo nombre, según el testimonio de un autor cristiano hostil a esta estatua pagana, el artista inmortalizó en un dedo de Zeus) venció en los 86 Juegos Olímpicos y fue en esa ocasión cuando Fidias lo conoció y se enamoró de él, entonces, en función de los cálculos expuestos más arriba, los dos coincidieron en Olimpia el año 436 a. C.

Pausanias también habla algo más adelante del «taller de Fidias» en el Altis. Las excavaciones llevadas a cabo en la década de 1950 dejaron al descubierto este taller. Esto permitió reunir diversos datos referentes a la actividad artesanal, pero no se halló resto alguno que permitiera inferir el aspecto de la estatua de Zeus en su conjunto.

Una obra famosa y curiosamente desconocida

Tampoco han llegado hasta nosotros representaciones pictóricas antiguas de esta maravilla del mundo. En último término, existen una serie de figuras de reducidas dimensiones, reproducidas sobre monedas acuñadas en la Élide en época del emperador Adriano (117-138 d. C.), que suelen interpretarse como representaciones de la Estatua de Zeus, aunque debido a su pequeño formato apenas ofrecen detalle alguno.

Esto no supuso ningún obstáculo para la propagación de la fama de la estatua. El gran político y filósofo romano del siglo I a. C. Marco Tulio Cicerón escribió sobre ella que «no hay nada tan hermoso en ningún género». Al crear la estatua, Fidias «no contemplaba nada que le pudiera servir de modelo, sino que en su propia mente residía un tipo ideal de belleza, a cuyo modelo dirigía su arte y su mano teniendo constantemente la mirada fija en él». Por lo que dice Cicerón, lo único que supera en hermosura a la Estatua de Zeus en Olimpia es la idea de la belleza en sí misma, pero esta explicación no nos ayuda a formarnos una idea más clara del aspecto de la estatua.

De manera aún más elocuente aparece descrita la estatua en un discurso que pronunció en persona Dión de Prusa en los 219, 220 o 221 Juegos Olímpicos (es decir, entre los años 97 y 105 d. C.) en la propia Olimpia. Sobre Fidias dice lo siguiente:

Que tú, el mejor y más agudo de los artistas, has creado un grato espectáculo dulce y agradable, y una vista de incomparable placer para todos los griegos y extranjeros que alguna vez llegaron aquí [Olimpia] en gran número y en numerosas ocasiones, eso nadie lo discutirá. Pues es cierto que turbaría incluso la naturaleza irracional de los animales si pudieran tan sólo echarle una mirada. En cuanto a los toros que son conducidos constantemente hasta este altar, se someterían voluntariamente a los sacerdotes en los sacrificios iniciales si con ello proporcionaran alguna satisfacción al dios, y también águilas, caballos y leones, de modo que calmarían lo indómito y salvaje de su temperamento y mantendrían gran calma, deleitados por la vista. Y en cuanto a los hombres, si uno estuviera completamente atribulado en su ánimo y soportara muchas desgracias y pesares en la vida sin haber gozado siquiera del dulce sueño, bien creo que si se encontrara frente a esta imagen, olvidaría todos los horrores y dificultades que acontecen en la vida humana. Así has concebido y creado un espectáculo que sencillamente «alivia el dolor y calma los ánimos, y hace olvidar todos los males» [Homero].

Luego Dión adopta por un momento el papel del propio Fidias y le hace decir:

Nuestro Zeus es pacífico y completamente afable, cual guardián de una Grecia sin revueltas y en concordia. Y con mi propio arte y tras haber consultado con la buena y sabia ciudad de los eleos, erigí éste: apacible y majestuoso en postura impasible, como dador de vida, de sustento y de toda clase de bienes, como padre, salvador y protector común de los hombres, en la medida en que era posible para un mortal penetrar en su mente y representar su divina e inimitable naturaleza.

Mira si no encuentras que cuadran a la imagen todos los epítetos del dios, pues Zeus es el único de los dioses que recibe los nombres de «padre y rey», «ciudadano», «congénere», «amigable y compañero», y además «suplicante», «refugiado», «hospitalario», «poseedor», «cosechero» y muchos miles de epítetos distintos, todos ellos buenos. «Rey» se le llama por su poder y su fuerza, «padre» creo que por sus cuidados y afabilidad, «ciudadano» por su interés por la ley y lo común, «congénere» por la comunidad en el linaje de dioses y hombres [...].

En tanto que era posible poner de manifiesto estas cosas sin servirse de palabras, ¿no es suficiente por cuanto al arte se refiere? Con la fortaleza de la imagen y su grandeza se pretende manifestar al poder y al rey; con la afabilidad y la solicitud al padre y a sus cuidados; al ciudadano y al legislador con la majestuosidad y la severidad; a la comunidad entre dioses y hombres de algún modo con lo similar de la forma en la imagen; al amigable, al suplicante, al hospitalario, al refugiado y todos los demás epítetos similares sencillamente con la benevolencia, la afabilidad y la bondad que se muestran representadas en la figura. Al poseedor y al cosechero con la sencillez y la magnanimidad, mostrada gracias a la forma [...] En consecuencia, he representado estos atributos en la medida de lo posible, al no poderlos nombrar.

Es decir, que Fidias, a falta de palabras, tuvo que crear una maravilla del mundo a partir de una estatua. Dión de Prusa, desde luego, no se muestra aquí (como en ningún otro sitio) falto de palabras maravillosas. No en vano ya recibió en la Antigüedad el sobrenombre de *Chrusóstomos,* «boca de oro». Aun así, una vez más oímos muchas cosas sobre el efecto de la estatua, pero apenas algo acerca de su verdadero aspecto...

La Estatua de Zeus en Olimpia como maravilla del mundo

La estatua de Zeus aparece en muchas listas de maravillas del mundo, entre ellas en la primera que se conserva completa; pero también ella se vio mezclada en algún suceso maravilloso. A este propósito cuenta Pausanias:

Se dice que incluso el propio dios fue testigo del arte de Fidias, pues cuando la estatua estaba acabada, Fidias rogó para que el dios le diera una señal de si la obra era de su agrado. Y afirman que de inmediato un rayo cayó en el mismo lugar del suelo donde hasta el día de hoy se encuentra una hidria de bronce.

Y cuando quiso hacerse con la estatua, el emperador romano Calígula (37-41 d. C.) ocurrió otro hecho maravilloso:

Calígula ordenó que se trajeran de Grecia las estatuas de los dioses más admiradas por su culto o por su arte, entre ellas la del Júpiter [Zeus] de Olimpia, para, una vez descabezadas, ponerles la suya propia [...] En Olimpia, la estatua de Zeus que había ordenado desarmar y enviar a Roma, emitió de repente tan gran carcajada que los obreros dejaron caer sus herramientas y echaron a correr.

Así que finalmente la estatua no fue transportada a Roma, aunque de todos modos no consiguió permanecer intacta durante época imperial romana. Al final del discurso antes citado, Dión de Prusa (Crisóstomo) ya describió su estado con las mismas palabras que Homero pone en boca de Ulises cuando a su regreso se dirige a su canoso padre:

Eres tú quien no está bien cuidado, sino que a la vez
tienes
penosa edad, vas realmente sucio y vistes harapos.

Por su parte, Pausanias (que en otro contexto menciona una restauración de la estatua a mediados del siglo II) informa a su vez, en el texto que hemos visto antes, de la pérdida de al menos una figura. Autores posteriores refieren igualmente que los ladrones habían sustraído dos rizos de oro macizo de la cabellera de Zeus.

No se sabe con precisión cuándo se produjo el desmoronamiento completo de la estatua. La antigua tradición no es unánime sobre si se perdió con el declive de la antigua Olimpia a finales del siglo IV d. C. o si fue llevada a Constantinopla, donde un siglo más tarde acabaría destruida por el fuego en un palacio.

Con todo, lo que sí se ha preservado es la idea de la estatua como la pieza más hermosa del gran «momento de Grecia» que Filón de Bizancio alaba en su *Guía por las Siete Maravillas del Mundo:*

De Cronos es Zeus en el cielo, pero en Élide su padre es Fidias. A uno le engendró la naturaleza inmortal, al otro las manos de Fidias, únicas capaces de crear dioses. Dichoso él, que fue el único que contempló el rostro del rey del mundo y fue capaz de enseñar a los demás al que porta el trueno. Y si se avergüenza por llamarse Zeus hijo de Fidias, su arte al menos sí fue madre de su imagen.

Por eso produjo la naturaleza elefantes, para que Fidias cortara los colmillos de estas bestias y se surtiera de la materia para su obra [...] Por eso admiramos las restantes Maravillas del Mundo, pero sólo ante ésta nos arrodillamos, pues como obra de arte es extraordinaria, como representación de Zeus sagrada. Ciertamente tienen el esfuerzo su elogio y la inmortalidad sus honores.

¡Salud, momento de Grecia que abundabas en adornos para los dioses como nadie más después de ti, que tenías un artista creador de inmortalidad como jamás produjo la vida ulterior, y que fuiste capaz de enseñar a los hombres el aspecto de los dioses tal cual uno que hubiera estado contigo no sería capaz de ver en otra parte! En efecto, hace tiempo que Fidias venció al Olimpo, tan-

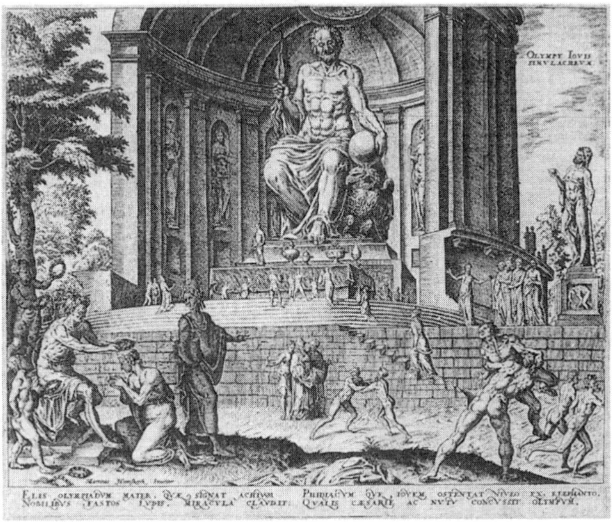

FIGURA 5. Maarten van Heemskerck: La Estatua de Zeus en Olimpia (1572).

to como la evidencia es mejor que la suposición, el conocimiento que la narración y la visión que la palabra.

Evidencia, conocimiento y visión eran sin duda elementos de los que carecían Filón y sus sucesores, porque para entonces la Estatua de Zeus en Olimpia había perecido ya. De hecho, la ilustración que en 1572 realizó Maarten van Heemskerck del *Olympii Iovis simulacrum* –de la estatua del Zeus Olímpico– no la presenta en un templo cerrado, sino en un edificio abierto y semicircular (véase figura 5, página 91), por lo que se basaba en suposiciones, cuentos y dichos. Por consiguiente, la ilustración no tiene en realidad mucho en común con el original del gran momento de Grecia (ni siquiera se aprecian en ella la figura de la Nike o el cetro de los que habla Pausanias). Y, con todo, es hermosa.

6. El Templo de Ártemis en Éfeso

El antiguo templo y el acto de Eróstrato

Fidias, el creador de la Estatua de Zeus en Olimpia, fue uno de los artistas famosos que tuvieron la posibilidad de participar en la decoración del inmenso Templo de Ártemis en Éfeso. Cuenta Plinio:

> Los artistas más famosos, aunque de muy distintas edades, participaron en una competición porque todos habían hecho amazonas como ofrendas para el templo de Diana [Ártemis]. Convinieron en elegir la más hermosa según el juicio de los propios artistas presentes, y resultó claro que era aquella que todos habían juzgado como segunda tras la suya propia [...]

Las amazonas desempeñaban un papel importante en la historia de este templo porque, según se contaba, en un tiempo algunas de ellas pudieron salvarse de sus perseguidores en un antiquísimo recinto sagrado de Ártemis situado en las marismas de Éfeso, en la costa oriental de Asia Menor, y porque la amazona Otrera, una esposa del dios de la guerra Ares, como muestra de gratitud por ello había fundado el primer templo en ese lugar. Este fue el motivo de que las sucesivas construcciones de este templo estuvieran adornadas con estatuas de amazonas.

Y al igual que el mismo Zeus había dado su aprobación a la estatua creada por Fidias en Olimpia mediante el hecho maravilloso de mandar un rayo, de la misma manera Ártemis participó personalmente en la construcción de su templo en Éfeso, según cuenta también Plinio:

La verdadera admiración por la magnificencia griega surge en el templo de Diana [Ártemis] en Éfeso, que se hizo en ciento veinte años por obra de toda Asia. Se levantó sobre terreno pantanoso para que no padeciera los terremotos ni tuviera que temer por las fallas. Y, a su vez, para no situar los cimientos de tan gran mole en terreno resbaladizo e inestable, se cubrió éste con carbones apisonados y luego con vellones de lana.

El templo tiene en total 425 pies de largo y 225 de ancho, además de 127 columnas hechas cada una por encargo de distintos reyes y de 60 pies de altura; entre éstas hay 36 labradas, una por Escopas. Quersifronte fue el arquitecto a cargo de las obras. La mayor maravilla es que se pudieran elevar los arquitrabes de tal mole. Esto se consiguió con espuertas llenas de arena, amontonadas en una suave pendiente por encima de los capiteles. Luego poco a poco se fueron vaciando las de debajo de modo que la obra quedara en su sitio muy despacio. Lo más difícil fue el propio frontispicio que puso sobre las puertas. En efecto, ésta era la masa más grande y no se asentaba en su hueco. Angustiado, el artista veía en el suicidio su única salida.

Cuentan que agotado con estos pensamientos vio en sueños durante la noche a la diosa a la que estaba dedicado el templo y que le ordenó que viviera, que ella ya había ajustado la piedra. Y así apareció a la mañana siguiente.

De modo que la propia diosa (¡probablemente el sueño de todo arquitecto!) contribuyó de forma activa en la construcción del templo, en cuya financiación también participó el rey Creso a mediados del siglo VI a. C. con su legendaria riqueza (se han conservado fragmentos de tres de sus inscripciones de donación). Con todo, el sobrio Plinio se ve en la obligación de destrozar este sueño de inmediato y añade: «Parecía que [el arquitrabe] se había colocado por su propio peso».

Pero es precisamente esta sobriedad de Plinio a la hora de proporcionar los datos la que hace plausible que sean correctas sus precisiones sobre la duración de la construcción (el templo fue acabado realmente en torno al 460 a. C.), sobre el tamaño del templo (cuya longitud y anchura casi doblaban a las del templo de Zeus en Olimpia) y sobre el número de columnas, aun cuando 127 columnas apenas sean imaginables en un templo griego (el templo de Zeus en Olimpia estaba rodeado por menos de un tercio de este número).

La techumbre y las puertas del templo estaban hechas de maderas nobles, lo que supondría precisamente su perdición, pues en el año 356 a. C. un gran incendio lo destruyó por completo, tal como informa Valerio Máximo, quien en su colección de «hechos y dichos memorables», redactada en las primeras décadas de nuestra era, ofrece ejemplos procedentes de mitos y de la historia para uso de oradores. Bajo la rúbrica «afán de gloria» se encuentra el siguiente ejemplo:

Encontraron a un hombre que efectivamente quería incendiar el templo de Diana [Ártemis], de modo que, una vez destruido este hermosísimo edificio, su nombre se extendiera por toda la tierra. Reconoció este desvarío de su mente sobre el potro.

Y los efesios decidieron por decreto borrar la memoria de un hombre tan abominable.

De modo que, si bien el nombre del pirómano no debía ser mencionado, ha acabado siendo conocido porque un autor trasmitió cuál era el nombre que no podía decirse: Eróstrato. Y así, y por causa de este hecho, hoy en día la manía de cometer delitos guiado por el ansia de renombre se conoce como erostratismo.

El nuevo templo y la visita de Pablo

Así pues, el antiguo templo acabó destruido (y según una antigua leyenda ardió la noche en la que

Alejandro Magno vino al mundo). Sin embargo, no sólo se debía borrar el nombre del pirómano, sino que también existía un fuerte deseo de hacer que la catástrofe no hubiera acontecido. Por este motivo se levantó un nuevo templo, siguiendo en gran medida el antiguo proyecto, pero todavía con mayor suntuosidad. Y también se aseguraron de que estuviera sobre unos cimientos firmes: las ruinas del edificio anterior. Estrabón dice lo siguiente:

> Después de que un tal Heróstrato le prendiera fuego, [los efesios] construyeron otro mejor tras reunir las joyas de sus mujeres y sus propios bienes, y tras poner en venta las columnas anteriores. Testimonio de esto son los decretos que se hicieron en aquel momento[...]
>
> [...] y Alejandro prometió a los efesios correr con los costes ya pagados y los futuros a condición de poner en la inscripción su nombre [al igual que Creso], pero éstos no quisieron [...] uno de los efesios dijo al rey que no era propio de un dios construir templos a los dioses.

Los efesios, por tanto, deseaban financiar la reconstrucción por sus propios medios y así lo hicieron. Este edificio de finales del siglo IV a. C. causó impresión hasta época romana imperial. Lo visitaban tantas personas que pronto muchos pudieron vivir de la producción de recuerdos. Y fue precisamente con estas gentes con las que entró en conflicto el apóstol Pablo en el siglo I d. C. a causa de su defensa del «nuevo camino», es decir, de su labor apostólica cristiana:

En ese tiempo se produjo un alboroto no pequeño a propósito del «camino». Había un platero llamado Demetrio que hacía templos de Ártemis y proporcionaba a los artesanos no poco negocio. Tras reunir a éstos y a los que trabajaban en estas cosas les dijo: «Señores, sabéis que nosotros obtenemos nuestra ganancia de este negocio y estáis viendo y oyendo que no sólo en Éfeso, sino también en casi toda Asia, este Pablo ha convencido y convertido a mucha gente diciendo que no son dioses los que salen de las manos. Esto no sólo hace peligrar nuestra industria, sino también la consideración del santuario de la gran diosa Ártemis, de modo que incluso será despojada de su majestad aquella a quien toda Asia y el mundo veneran.

Al oír esto se llenaron de ira y gritaban diciendo «¡Grande es la Ártemis de los efesios!».

Sólo un alto funcionario público logró finalmente calmar los ánimos y Pablo prosiguió su camino en dirección a Grecia.

Los modelos del templo de Demetrio y de otros artesanos no se han conservado; sin embargo, imágenes esquemáticas de monedas (como con la Estatua de Zeus en Olimpia) muestran la fastuosidad del edificio, que, según el escritor Pausanias, «sobrepasa todo lo edificado por los hombres» (al menos en la Grecia descrita por Pausanias).

A pesar de sus bien consolidados cimientos, el templo finalmente no gozó de larga vida. Después de los saqueos godos del siglo IV d. C. y de sucesivas destrucciones posteriores, las piedras del templo (como los ladrillos de las Murallas de Babilonia) fueron reutilizadas para otros edificios y algunas obras maestras de mármol se utilizaron para hacer cal. El terreno pantanoso acabó tragándose lentamente los últimos testimonios de esta maravilla del mundo, cuya ubicación llegó incluso a caer en el olvido. Sólo a partir del siglo XIX y tras una larguísima búsqueda, volvió a ser descubierta. Las excavaciones están todavía en curso.

El Templo de Ártemis como maravilla del mundo

Con todo, el templo siguió viviendo en el imaginario humano incluso después de su destrucción, y no sólo como maravilla del mundo (aunque precisamente este atributo de «maravilla del mundo» es lo que motivó que más tarde los arqueólogos emprendieran su búsqueda). El templo aparece ya mencionado en la relación más antigua de maravillas conservada parcialmente –los *Laterculi Alexandrini*–, así como en la más antigua conservada íntegramente, la de Antípatro de Sidón, que lo celebra como la mayor maravilla, frente a la que las demás «empalidecieron» (véase capítulo 1).

En otro epigrama, este mismo Antípatro se dirige a la propia Ártemis. Tiene pudor de decir su nombre y en vez de ello hace referencia a su mítica victoria sobre el monstruo Ticio, pero atribuye a la diosa el deseo de vivir no junto a los otros dioses en el Olimpo, sino en Éfeso, fundada por Androclo, convertida en la ciudad de Jonia que es su «nodriza»:

¿Quién desde el Olimpo trasladó el Partenón,
instalado por algún tiempo en las moradas celestes,
hasta la ciudad de Androclo, reina de los ágiles jonios,
a Éfeso, excelsa por las armas y las Musas?
Tú, matadora de Ticio, teniendo más amor por tu nodriza
que por el Olimpo, fijaste tu morada en ella.

De manera similar se expresó posteriormente Filón de Bizancio en su *Guía por las Siete Maravillas del Mundo:*

Sólo el templo de Ártemis en Éfeso es casa de los dioses. El que lo contemple se convencerá de que el lugar está trastrocado y que el mundo celeste de la inmortalidad ha sido llevado a la tierra.

Los Gigantes o los hijos de Aloeo [unos gigantes], que querían realizar el ascenso al cielo, amontonando montes alcanzaron no este templo, sino el Olimpo. De modo que este trabajo es más audaz que su plan, y el arte más que este trabajo.

El artista soltó el suelo de la tierra por debajo profundizando hondo en su excavación y hasta lo infinito echó los cimientos en piedra labrada, gastó canteras de montes para las obras que ocultaba bajo tierra. Aseguró la inconmovible estabilidad y antes puso debajo a Atlas para que soportara el peso de las partes siguientes. Primero puso por fuera un zócalo, elevándolo hasta una base sólo visible desde arriba y sobre [...]

La frase del texto de la obra de Filón que nos ha llegado se interrumpe abruptamente. No es posible precisar si seguía describiendo sólo la cimentación del templo ya derrumbado. En realidad, con su derrumbamiento se perdió también el conocimiento sobre su forma. Una lista medieval de las maravillas del mundo (véase pág. 127) lo describe como una pirámide invertida, de pie sobre su vértice: sobre los cimientos descansaban cuatro arcos, sobre éstos ocho, después dieciséis, y sobre éstos treinta y dos y luego ¡sesenta y cuatro!

Y cuando Maarten van Heemskerck realizó en 1572 una ilustración del *Dianae Ephesiae Templum*, el Templo de Ártemis en Éfeso (figura 6), se limitó a mostrar el templo pagano bajo la forma de una iglesia cristiana de su época.

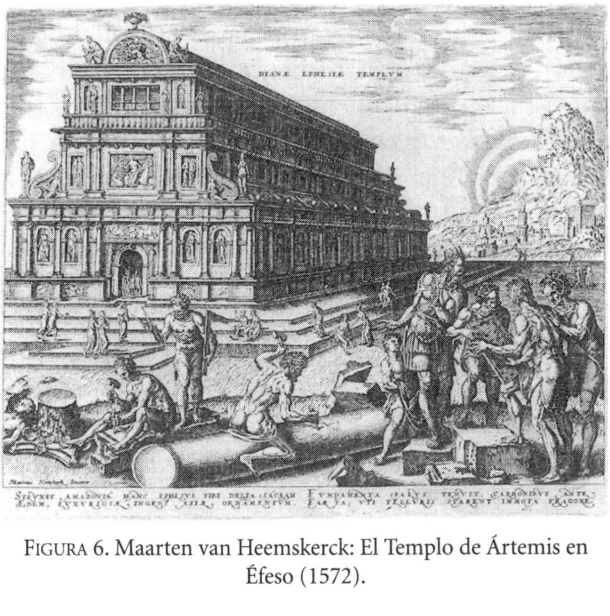

FIGURA 6. Maarten van Heemskerck: El Templo de Ártemis en Éfeso (1572).

7. El Mausoleo de Halicarnaso

Una tumba construida en vida

Mausolo gobernó en Halicarnaso, la capital de la región de Caria, en la costa occidental de Asia Menor (y lugar de nacimiento de Heródoto, autor citado ya varias veces en nuestro libro), desde 377 a. C., dos generaciones después de la muerte de Heródoto, en calidad de administrador del poder persa. Con la decadencia de éste pudo gozar, sin embargo, de una autonomía creciente, que le permitió incluso llegar a denominarse rey.

Como esposa y reina se encontraba junto a él su hermana mayor Artemisia, quien, tras la muerte de Mausolo en 353 a. C., asumió el poder. Este tipo de matrimonio entre hermanos de la realeza tenía modelos en la familia real persa, pero también en los faraones de Egipto. Tal vez también con la vista puesta en Egipto y en las gigantescas tumbas reales de las pirámides, Mausolo pretendió ya en vida proyectar para sí mismo una gran tumba de la que todo el mundo hablara.

De un modo que resulta curiosamente moderno, Mausolo permitió que los arquitectos a quienes hizo su encargo hicieran una especie de concurso cerrado entre los artistas más importantes para llevar a cabo el «arte en la obra» de este edificio. Al menos esa es la información que nos da el arquitecto romano Vitrubio, no sin una cierta envidia colegial:

A éstos en verdad la fortuna les otorgó un sublime honor en grado máximo, pues sus artes merecieron desde siempre alabanzas notables y de continuo renovadas, ya que con sus ideas lograron obras magníficas. Cada uno de los artistas asumió un lado para, en competición con los demás, adornarlo y hacer una exhibición de su arte: Leocares, Briaxis, Escopas y Praxíteles (aunque otros creen que fue Timoteo). La excelencia de su arte llevó a que esta obra suya fuera considerada por su fama entre las Siete Maravillas.

Algo similar narra Plinio, quien al mismo tiempo nos ofrece la descripción más completa del edificio:

Escopas tuvo tres competidores coetáneos: Briaxis, Timoteo y Leócares. De éstos se debe hablar a la vez, porque aplicaron conjuntamente su cincel al Mausoleo. Éste es el sepulcro que Artemisia hizo para su marido Mausolo, un pequeño rey de Caria, muerto en el segundo año de la 107 Olimpíada. Que esta obra se cuente entre las

Siete Maravillas se debe fundamentalmente a estos artistas.

Del sur al norte tiene sesenta y tres pies de largo, por los frentes es más estrecho. En total su perímetro es de 440 pies. Se eleva hasta una altura de veinticinco codos y está rodeado de treinta y seis columnas. Al contorno lo llamaron *pteron*. Escopas cinceló el lado oriental, el septentrional Briaxis, Timoteo el lado sur y el oeste Leócares. Antes de que la terminasen murió la reina, pero aun así no dejaron de trabajar en absoluto, porque ya lo consideraban un monumento a su propia gloria y a su arte. Y todavía hoy se discute qué mano fue mejor.

Hubo también un quinto artista, pues por encima del *pteron* se eleva una pirámide tan alta como lo es la parte inferior, con veinticuatro escalones que van reduciéndose hasta llegar al vértice. Arriba del todo hay una cuadriga de mármol que hizo Pitis. Incluida ésta, la altura de todo el edificio es de 140 pies.

Es evidente que esta descripción del Mausoleo no está exenta de errores de transmisión: un perímetro de 440 pies (más de 130 m) no puede extraerse de dos lados de 63 pies y dos más cortos. Del mismo modo, la altura de 25 codos para el *pteron* y una vez más la misma medida para la pirámide escalonada suman 50 codos, esto es, 75 pies, es decir, sólo un poco más de la mitad de la altura total, con lo que la cuadriga habría de tener entonces 65 pies, es decir, ¡casi 20 metros de altura! (A modo de comparación, la cuadriga instalada sobre la Puerta de Brandenburgo en Berlín tiene «sólo» unos 5 metros de altura.) Pese a que los sillares de esta maravilla del mundo fueron desmontados y se reutilizaron para otros edificios, como, por ejemplo, una fortaleza cruzada construida en torno al 1500 por la Orden de Malta, las investigaciones arqueológicas apuntan como probable que el Mausoleo midiera unos 33 × 27 m. Esto da sustento a las cifras de Plinio relativas al perímetro, y puede que también fuera cierta la medida que menciona, de una altura total de más de 40 m. Con todo, las diversas propuestas de reconstrucción siguen siendo bastante controvertidas.

También la fecha de la muerte de Mausolo que Plinio apunta está equivocada: la 107 Olimpíada comenzó con los 107 Juegos Olímpicos en el año 352 a. C., y por lo tanto Plinio data el fallecimiento del rey en el año 351 a. C. Pero en realidad para esa fecha llevaba ya dos años muerto. Ése es el año en que probablemente murió su hermana y esposa Artemisia, quien aprovechó los años que siguieron al fin de Mausolo para acelerar los trabajos de su sepultura: una prueba de amor que gozó de enorme estima, y no sólo por parte del gran político y filósofo romano Cicerón.

El Mausoleo como «protomausoleo» y como maravilla del mundo

En su obra escrita en el siglo II d. C., es decir, en época imperial romana, el escritor griego Pausanias se circunscribe a la descripción de Grecia. Sin embargo, en un excurso sobre monumentos funerarios famosos hace mención del que estamos tratando:

> La tumba que está en Halicarnaso se hizo para Mausolo, rey de los halicarnaseos. Su tamaño es tan grande y toda su factura tan hermosa, que incluso los romanos, debido a la gran admiración que por ella sienten, llaman mausoleos a las tumbas que en su tierra son reseñables.

Y hasta el día de hoy no ha habido cambio alguno: el término «mausoleo» que nosotros utilizamos para indicar una tumba suntuosa procede directamente de la de Mausolo.

Como maravilla del mundo, este sepulcro aparece ya en la lista más antigua conservada, los *Laterculi Alexandrini*, y de hecho también en la mayoría de las listas antiguas. Del mismo modo, Filón de Bizancio anuncia en su introducción que tratará de esta maravilla (si bien tal sección no se ha conservado), y no son pocos los autores que hacen mención únicamente del Mausoleo como maravilla del mundo (véase capítulo 1).

En este sentido, resulta también cuando menos curioso leer la crítica de uno de los principales espíritus burlescos de la Antigüedad. En sus *Diálogos de los muertos*, Luciano de Samósata, un autor griego del siglo II d. C., hace que el filósofo Diógenes de Sínope se encuentre con Mausolo en los infiernos de modo que entablan el siguiente diálogo:

DIÓGENES: Escucha, cario, ¿de qué te vanaglorias y por qué sostienes que debes recibir honores antes que todos nosotros?

MAUSOLO: De entrada, hombre de Sínope, por mi reinado. Yo fui rey de toda Caria, también señor de diversos lidios, sometí algunas islas, marché hasta Mileto y subyugué la mayor parte de Jonia. Yo era hermoso y grande, y poderoso en la guerra. Aunque lo más importante es que yo tengo en Halicarnaso encima de mí una inmensa tumba, de un tamaño como no la tiene ningún otro muerto, ni tampoco tan hermosamente adornada, con caballos y hombres de bellísima piedra representados con enorme fidelidad. No se encontraría fácilmente un templo semejante. ¿No te parece que es justo que me vanaglorie de estas cosas?

DIÓGENES: ¿Te refieres a tu reinado, a tu hermosura y al peso de tu sepulcro?

MAUSOLO: ¡Por Zeus, sí, justo a éstos!

DIÓGENES: ¡Ay, querido Mausolo! Y si cogiéramos un juez para la belleza, no sabría decir por qué razón tu cráneo debería recibir honores antes que el mío, pues los dos están pelados y mondos, también enseñamos los dientes del mismo modo, ninguno de nosotros tiene ya ojos y nuestras narices se han achatado igual. Mientras que tu tumba y sus preciosas piedras puede que valgan para que los de Halicarnaso las exhiban y ante los forasteros se ufanen de la gran edificación que tienen. Pero, en lo que a ti respecta, amigo mío, no veo qué sacas de todo esto. A no ser que estés diciendo que, aplastado por tal montón de piedras, soportas un peso mayor que nosotros.

Los testimonios de un amor inmenso

La construcción (o, al menos, la finalización) del «montón de piedras» proyectado por Mausolo no fue la única muestra de amor que tuvo Artemisia para con su marido y hermano después de la muerte de éste. De hecho, los autores antiguos no sólo hablan del Mausoleo. Una vez más es Valerio Máximo, en su manual para oradores, quien ofrece un ejemplo, en esta ocasión de fidelidad en el amor conyugal:

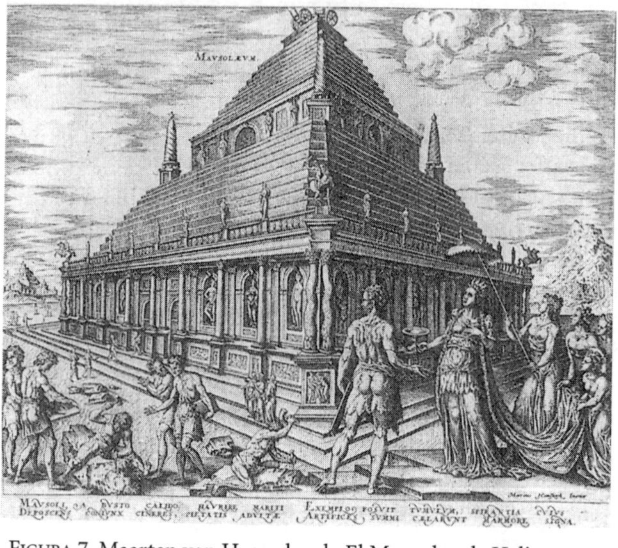

FIGURA 7. Maarten van Heemskerck: El Mausoleo de Halicarnaso (1572).

Que Artemisia, reina de los carios, sentía grandísimo amor por su difunto marido Mausolo es fácil de demostrar en función de los espléndidos honores de todo género que le rindió y la magnificencia del monumento que para él erigió y que llegó a incluirse entre las Siete Maravillas.

Pero ¿a qué enumerar los honores o hablar de ese famoso sepulcro cuando ella misma deseaba convertirse en tumba viva y animada de Mausolo a tenor del testimonio de los que refieren que bebió las cenizas del fallecido diluidas en un brebaje?

En la ilustración que Maarten van Heemskerck hizo del *Mausolaeum* en 1572 (figura 7), el artista también representa la escena de Artemisia haciendo que le traigan una copa con las cenizas de su amado.

8. El Coloso de Helios en Rodas

Buenos negocios

La ciudad de los rodios se encuentra en el promontorio oriental. Tanto por sus puertos, carreteras y murallas, así como por las demás edificaciones, se distingue tanto de las demás ciudades que no podemos nombrar ninguna otra igual, y mucho menos una mejor que ella. Su buena legislación es admirable y también el cuidado con el que tratan los demás asuntos de la comunidad y los de la marina. De ahí que dominara por mucho tiempo sobre el mar, acabara con la piratería y fuera amiga de los romanos, así como de los reyes que eran amigos de romanos y griegos, y de ahí que se mantuviera independiente y fuera engalanada con muchísimas ofrendas votivas.

De esta manera presenta la ciudad de Rodas el erudito griego Estrabón en su *Geografía*. De hecho, fundada en 408 a. C., la ciudad se convirtió rápidamente en una rica metrópoli comercial que siempre fue muy celosa de su independencia, aunque no siempre con éxito. Así, por ejemplo, a partir del año 356 a. C. tuvo que aceptar por un tiempo una guarnición de Mausolo (era parte, por lo tanto, de esas islas que se mencionan en el capítulo anterior y que Mausolo se jactaba –en el supuesto diálogo– de haber conquistado). En el 332 a. C. la ciudad se puso del lado de los adversarios de Alejandro Magno, con lo que, tras los éxitos de éste, tuvieron que aceptar nuevamente de manera forzosa una guarnición, aunque esta vez del rey macedonio. Sin embargo, Rodas no tardó en adherirse de buena gana al gran conquistador y tras la muerte de éste logró por unos años una independencia real.

Muy pronto la ciudad se encontró unida estrechamente por relaciones comerciales con el reino de Tolomeo I, que se había hecho cargo de los dominios de Alejandro en Egipto. Esto le valió a Rodas la enemistad con otro sucesor de Alejandro: Antígono I, apodado *Monóftalmos* («el Tuerto»). Éste encargó en el 305 a. C. a su hijo Demetrio el asedio de la ciudad. A pesar del despliegue masivo de soldados, barcos y máquinas de asedio (y a pesar de su apodo *Poliorcetes*, esto es, «el que asedia ciudades»), Demetrio no logró tomar Rodas, y se retiró el año 304 a. C.

Los rodios habían prometido como ofrenda a su patrón, el dios Helios, un *kolossós*, es decir, una estatua, pues en el dialecto dorio de Rodas esta palabra no tenía otro significado. Buenos negociantes como eran, vendieron las máquinas de asedio abandonadas por Demetrio y encargaron la creación de la estatua no al famoso escultor Lisipo, sino a su discípulo Cares de Lindos (que sin duda resultaría más económico). El proceso siguiente aparece detallado en una comparación incluida en un escrito redactado por el filósofo griego Sexto Empírico en el siglo II d. C.:

> Según se cuenta, los rodios preguntaron a Cares el arquitecto cuánto dinero habría de emplear en la construcción del coloso. Cuando éste les dio la respuesta, le volvieron a preguntar cuánto sería si quisieran construirlo el doble de grande. Éste les respondió que el doble y se lo dieron. Pero al gastar esa cantidad sólo en los trabajos iniciales y en los bocetos, se quitó la vida. A su muerte, los técnicos se dieron cuenta de que no debía haber pedido el doble, sino ocho veces esa cantidad, pues no sólo era necesario incrementar la altura, sino todas las dimensiones de la obra.

Como los rodios habían cerrado un contrato, el coloso acabó construyéndose. Y como remontaban su procedencia al semidiós Hércules, es posible que le dedicaran como inscripción votiva el siguiente poema, transmitido, al igual que los poemas de Antípatro de Sidón que hemos visto (capítulos 1 y 6), en la *Antología Palatina*:

En este lugar para ti hasta el Olimpo alzaron el coloso
el de Rodas habitada por dorios, Helios,
de bronce cuando tras calmar la ola de Enio [una diosa guerrera]
coronaron su patria con los despojos de los enemigos.

Y no sólo sobre el mar lo hicieron brillar, sino también
en la tierra,
precioso resplandor de libertad no subyugada.
Pues éstos, crecidos del linaje de Hércules,
tienen sus dominios patrios en el mar y en la tierra.

En palabras poéticas el autor describe que el «precioso resplandor» no sólo se veía desde tierra, sino incluso desde el mar.

La estatua y su caída

Sobre el aspecto de esta majestuosa obra informa Estrabón en la continuación del pasaje previamente citado al inicio:

La mejor [de las ofrendas] es el coloso de Helios, del que el yámbógrafo afirma que:

«De siete veces diez
codos lo hizo Cares de Lindo»,

pero ahora yace por tierra derribado por un terremoto y partido por las rodillas. No lo volvieron a levantar por un oráculo. Éste es la más imponente de las ofrendas y se le considera una de las Siete Maravillas.

Es decir, que la estatua tuvo una vez 70 codos, unos 30 metros de altura, superando con ello en más del doble a la Estatua de Zeus en Olimpia (véase capítulo 5). Es probable que esa fuera la razón de que la antigua palabra *kolossós* adquiriese poco a poco el significado de «estatua gigante» y aún perdure así en nuestro vocabulario a través de los términos «coloso» y «colosal».

En el año 226 a. C. Rodas fue sacudida por un terremoto, en el que –tal como cuenta Polibio, historiador griego afincado en Roma– «el gran coloso cayó y también la mayor parte de las murallas y de los arsenales». En anotaciones tardías a un texto de Platón se refiere además lo siguiente:

> El coloso de Rodas se cayó y destrozó muchas casas. Un rey quiso levantarlo de nuevo, pero los rodios por temor a que de nuevo se volviera a caer dijeron [...] «no mover mal lo que bien yace».

Así pues, este rey, del que se piensa que había de ser un sucesor de Tolomeo I, tuvo tan poco éxito con su generosa oferta como en su día lo tuvo Alejandro Magno con el Templo de Ártemis en Éfeso. Para justificar su rechazo, los rodios adujeron una sentencia que al menos Estrabón atribuye a un oráculo y que posteriormente acabó convertida en refrán.

En el siglo I d. C. Plinio nos informa con detalle acerca de la caída de este coloso y acerca de sus restos, que, aun esparcidos por el suelo, seguían causando profunda impresión:

> Sin embargo, el más admirado de todos fue el coloso de Sol [Helios] en Rodas, cuyo artífice fue Cares de Lindo,

un discípulo del antes mencionado Lisipo. Esta estatua tenía setenta codos de altura.

Después de sesenta y seis años fue abatido por un terremoto, pero incluso caído resulta admirable. Pocos son los que pueden abarcar su pulgar, y sus dedos son mayores que muchas de las estatuas. Enormes cavernas se abren en el interior de sus miembros rotos. Dentro se ven piedras de enorme tamaño, con cuyo peso se estabilizó al levantarla.

Cuentan que se acabó en doce años y que costó trescientos talentos, obtenidos de la venta de los aparatos que dejó el rey Demetrio, cansado del largo asedio de Rodas.

De modo que la estatua se encargó tras finalizar el asedio de la ciudad, el año 304 a. C., se acabó doce años después, en el 292 a. C., y finalmente, sesenta y seis años más tarde, se derrumbó a causa de un terremoto.

El que la estatua se viniera abajo tan prematuramente tuvo como consecuencia que fuera posible hacerse una idea de la estructura interior de la misma, que de otro modo no habría podido ser contemplada, ya que no era esto lo que debían ver los espectadores. Filón de Bizancio creía saber más sobre este asunto:

Rodas es una isla en el mar. En tiempos antiguos estaba oculta en las profundidades, pero Helios la sacó a la luz y rogó a los dioses que fuera su propia divisa. En ella se erguía un coloso de setenta codos, dispuesto para Helios, pues la imagen del dios se reconocía a partir de los atributos de éste.

El artista hizo tanto gasto de bronce que los filones estuvieron a punto de agotarse, pues el levantamiento de esta construcción fue un trabajo que empeñó las minas del mundo entero. ¿Acaso no fue por esta razón por lo que Zeus derramó sobre los rodios una divina riqueza, para que la gastaran en honor de Helios, levantando la estatua del dios por etapas desde la tierra hasta el cielo?

El artista la estabilizó por dentro con ferrallas y con bloques de piedra, y sus vigas de sujeción mostraban el martilleo de los cíclopes. Y la parte oculta de la obra es más admirable que la visible, pues el sorprendido observador se pregunta qué tipo de tenazas se usarían, cómo eran de grandes los sostenes de los yunques o cuánta mano de obra debió requerirse para forjar los enormes pesos de las barras.

Éste puso debajo una base de piedra blanca y marmórea y sobre ésta levantó primero los pies del coloso hasta los astrágalos, teniendo en cuenta las proporciones, puesto que el dios había de levantarse setenta codos. Sólo la planta del pie superaba ya cualquier otra estatua y por esa razón no era posible elevar y colocar el resto. Encima de esto se debían vaciar los tobillos y a partir de ahí hacer progresar toda la obra como en la construcción de una casa. En efecto, mientras que los artistas forman primero las otras estatuas, luego las separan por partes y las funden, para finalmente unir todas las piezas y levantarlas, éste, sin embargo, sobre el primer vaciado moldeó la segunda pieza y sobre ésta, una vez fundida, montó la tercera, y después aplicaba otra vez de nuevo el mismo plan de trabajo, pues no era posible transportar los miembros desde las minas. Una vez hecho el vaciado sobre los trabajos ya finalizados, se prestaba atención a las separaciones de las vigas y al armazón de ferralla, y se introdujeron piedras para estabilizar el lastre con el fin de que gracias a esta acción se mantuviera el plan sin contratiempos. Las partes aún no unidas del coloso se rodeaban de ingentes masas de tierra removida y lo ya concluido se mantenía oculto bajo tierra para hacer el vaciado de las piezas siguientes a nivel de tierra.

Gracias a esto poco a poco se alcanzó la meta de las esperanzas y, tras emplear quinientos talentos de bronce y trescientos de hierro, [el artista] hizo el dios igual al dios y erigió una gran obra con audacia, pues presentó un segundo Helios al mundo.

Un talento de metal equivale a unos 30 kilos, así que, según Filón, Cares y sus colaboradores emplearon 15 toneladas de bronce y 9 toneladas de hierro. Incluso en el año 654 d. C., cuando los restos de bronce del Coloso acabaron vendidos como chatarra (los rodios, no cabe duda, seguían siendo buenos comerciantes), el comprador parece que necesitó 980 camellos para el transporte.

¿El Coloso sobre el agua?

El Coloso, la más «efímera» de todas las Siete Maravillas del mundo, es también probablemente la que más ha ocupado la imaginación de los hombres. De su aspecto real poco se puede decir. En las imágenes grabadas en las monedas (que en el caso de la Estatua de Zeus en Olimpia y del Templo de Ártemis en Éfeso sirvieron siquiera parcialmente para reconstruir su aspecto) sólo aparece representada la cabeza de la estatua, con lo que no permiten reconstruir el conjunto de su figura.

De este modo, nos encontramos completamente a expensas de los textos, de los que ya hemos citado los más importantes. Todos ellos coinciden en que se trataba de una estatua de bronce con una altura de 70 codos y que era una ofrenda votiva al dios Helios.

Si el Coloso tenía una antorcha en la mano –tal como aparece en la ilustración del *Colossus Solis* de Maarten van Heemskerck (figura 8)–, lo que evidentemente le daría la función de faro, no es posible saberlo a partir de ningún documento antiguo, pues nada dicen al respecto. Ni siquiera se tiene constancia de una ubicación justo al lado del puerto. No se trata precisamente del lugar más plausible para erigir una ofrenda votiva y, además, entraría en contradicción con el dato ya mencionado de que con la caída del Coloso se destrozaron muchas casas.

Tampoco existe prueba alguna de que el Coloso estuviera dispuesto tal como van Heemskerck lo representó en 1572 o como William Shakespeare en 1599 hace decir a Casio refiriéndose al héroe del drama en su *Julio César:*

> Pues sí, ¡hombre! Él se pasea por el estrecho mundo
> como un coloso y nosotros, gente insignificante,
> caminamos bajo sus enormes piernas [...]

Con los medios técnicos de la Antigüedad, disponer de esa manera la gigantesca estatua habría sido sencillamente imposible. Entraría en contradicción además con una fuente antigua, pues Filón dice claramente que el artista había colocado sólo «una base [en singular] de piedra blanca y marmórea» y «sobre ésta levantó [...] los pies [en plural] del coloso».

Es por tanto sólo en la edad moderna cuando el Coloso se imaginó como una estatua con las piernas abiertas sobre la bocana del puerto y con función de faro. Probablemente esta idea tan extendida siglos más tarde se debe a una interpretación excesivamente literal del poema citado más arriba. La

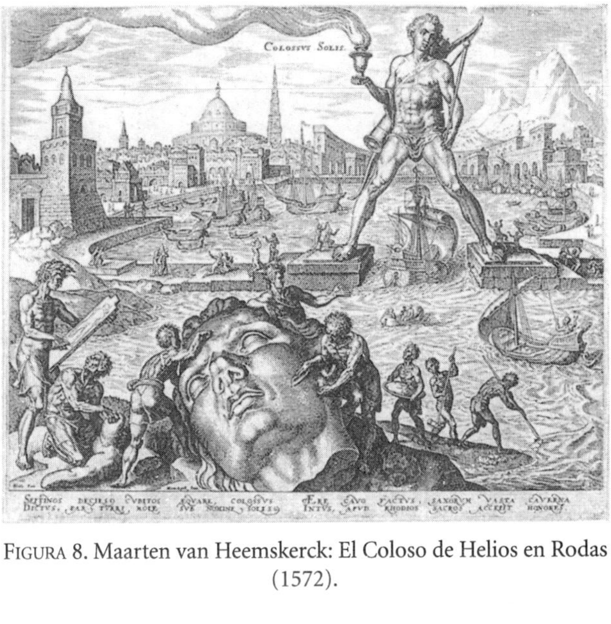

FIGURA 8. Maarten van Heemskerck: El Coloso de Helios en Rodas (1572).

imagen poética del «precioso resplandor» se convirtió en época moderna en un prosaico faro. Y, del mismo modo, la ubicación no menos poética «no sólo sobre el mar lo hicieron brillar, sino también en la tierra» llevó a que se pensara que el Coloso tenía las piernas abiertas. A la Antigüedad, sin embargo, le bastaba ya su mero tamaño –era más del doble de grande que la Estatua de Zeus en Olimpia– para considerar al Coloso de Helios en Rodas como una maravilla del mundo.

9. Maravillas del mundo paganas y cristianas

Las maravillas del mundo en los Padres de la Iglesia

Las Pirámides de Egipto y el Mausoleo de Halicarnaso eran tumbas de reyes paganos. Las Murallas y los Jardines Colgantes de Babilonia también eran obras de un rey pagano (y puede que incluso de una «reina» pagana). La Estatua de Zeus en Olimpia y el Coloso de Helios en Rodas eran figuraciones de dioses paganos. Y, finalmente, el Templo de Ártemis en Éfeso estaba dedicado a una diosa pagana. No es de extrañar, pues, que los Padres de la Iglesia tuvieran dificultades a la hora de tratar con estos monumentos (y con todos los demás que han sido mencionados ocasionalmente y que son igualmente paganos). ¿Cómo se las arreglaron los autores cristianos para solucionar este problema?

En un epigrama escrito en la segunda mitad del siglo IV, el gran Padre de la Iglesia Gregorio Nacianceno, que estaba familiarizado con la educación pagana de la Antigüedad, se contentó con aludir a las maravillas del mundo de forma harto parca. Al igual que el poema de Antípatro mencionado en el capítulo 1, ha llegado hasta nosotros por medio de la *Antología Palatina* y celebra como octava maravilla del mundo un gran túmulo profanado por ladrones:

Siete son las maravillas de la vida: muralla, estatua,
jardines, pirámides, templo, estatua, tumba.
La octava era yo, este enorme túmulo de aquí,
construido en las alturas, sobresaliendo de estos
peñascos a lo lejos.
El primero digno de encomio entre los fenecidos.
¡Horrenda obra,
asesino, la de tu furiosa mano!

Hasta qué punto eran poco inteligibles las palabras de Gregorio para quienes no tenían una educación tan amplia como él (es decir, para aquellas personas menos versadas en la tradición pagana) se aprecia en que el comentarista de este epigrama, Cosme de Jerusalén, cuya actividad se desarrolla a principios del siglo VIII, ofrece diversas equivalencias de las maravillas mencionadas por Gregorio y, además, reseña otras maravillas adicionales:

Muralla es de Babilonia, de la que decían que era transitable por carros. Otros afirman que es el Capitolio de Roma, pues es un edificio grande rodeado por murallas y en el que se encuentran numerosas figuras, cada una de las cuales tenía una señal. También se afirma que éstas tenían colgadas campanillas de las manos. Había una figura por cada pueblo y dicen que gracias a la campanilla se veía si había una revuelta hostil del pueblo representado. Por toda Roma había otras muchas cosas dignas de admiración. Otros dicen que en Heraclea junto al anfiteatro había un edificio donde se encontraba una construcción bellísima y maravillosa. Y todavía más, pues dicen que si uno en el rincón más recóndito del muro dijera para sí a las piedras una palabra muy bajito, otro que estuviera muy lejos oiría lo dicho.

Estatua es la escultura de bronce que se encontraba en Colosas, llamada Rodas. Ésta era gigantesca y la derribaron los agarenos cuando aparecieron. Se dice que tenía ochenta codos.

Jardines son los de Alcínoo y Adonis. Alcínoo fue el rey de los feacios, hospitalario e ilustre por sus casas, jardines y festines, pues la mesa de Alcínoo era enormemente rica y pródiga.

Pirámides son las que entre nosotros llamamos los graneros de José, en Egipto, no muy lejos de Babilonia.

Templo es el de la ciudad de Cícico. Éste era grande y digno de admiración. Antes estaba dedicado a Apolo, quien profetizó que después sería de María, como es el caso. Alguno pudo pensar, sin considerarlo algo más reciente, que se trataba del templo de Constantinopla [Santa Sofía], que desde hace mucho es la más admirable de todas las maravillas.

Estatua, de nuevo, es la del Belerofonte en Esmirna, que se encuentra sobre un carro que sobresale de la muralla por encima del mar. El caballo Pegaso está sujeto del pie poco más atrás. Muchas veces sigue a la mano que suavemente se agita, pero si se empuja con fuerza permanece fijo e inmóvil.

Tumba es la de Mausolo en Caria, sobre la que hablaré ahora mismo con más detalle.

También se han hecho muchas otras cosas más recientes que los hombres consideran dignas de admiración. Las Siete Puertas [Tebas] en Grecia, que fueron construidas por Anfión y Zeto mediante una cítara, y Tebas la de Cien Puertas, y el Faro de Alejandría, que está asentado sobre cuatro cangrejos de cristal, si es que es cierto. Y algunos otros más recientes que éstos se encuentran en mansiones y en templos, en estatuas y en corredores, en pedestales y en diferentes objetos.

Como posible significado de «muralla», aquí no sólo aparece mencionada la Muralla de Babilonia, sino también el Capitolio de Roma (que previamente no había sido considerado como maravilla del mundo), y ello debido a sus estatuas, cuyas campanillas sonaban en caso de levantamiento (una invención medieval). Del mismo modo, aparece asimismo un edificio tampoco mencionado antes, próximo al Teatro de Heraclea y con una acústica maravillosa. La «estatua» del Coloso se sitúa ahora en Colosas, las Pirámides «en Egipto, no muy lejos de Babilonia» (nombre con el que se podría estar refiriendo probablemente a El Cairo). Los «jardines» no se identifican con los Jardines Colgantes de Babilonia, sino, entre otros, con el jardín de Alcínoo, rey de los feacios a quien, según el relato de Homero, Ulises visitó en el curso de sus viajes (véase capítulo 5). Las «pirámides» aparecen interpretadas como «los graneros de José», en los que, según una tradición medieval, el José de la Biblia había aconsejado almacenar trigo durante los siete años de vacas gordas para los siete años de vacas flacas (véase capítulo 2). El «templo» de Cícico (¡no de Éfeso!) es para el autor simplemente un templo cristianizado por virtud de una antigua profecía, o incluso la propia iglesia monumental de Santa Sofía de Constantinopla (Bizancio). La «estatua» de Zeus en Olimpia ha pasado a ser una de Belerofonte, matador de la Quimera, quien es probable que no se tuviera como excesivamente pagano porque para los autores cristianos era el «prototipo» de San Jorge. El comentarista cristiano Cosme de Jerusalén se esfuerza constantemente en interpretar las palabras de Gregorio de modo que se evite el escándalo de resaltar estatuas o incluso templos paganos en un contexto cristiano. El Faro de Alejandría (véase capítulo 1), del que tras varios terremotos quedaban ya sólo ruinas, resulta ser notable porque estaba construido sobre cuatro cangrejos de cristal, «si es que es cierto».

Con bastante menos fantasía procede el llamado Lemmatista Palatini, el anónimo autor de las notas que se encuentran en el manuscrito de la *Antología Palatina* de la biblioteca de Heidelberg. Sin embargo, este comentarista tampoco da la impresión de estar suficientemente informado, pues, por ejemplo, sitúa los Jardines Colgantes no en Babilonia, sino en Colosas.

Gregorio Nacianceno hace referencia una segunda vez a las Siete Maravillas del mundo: se trata del discurso conmemorativo en honor de su amigo Basilio Magno, en el que celebra la fundación de un hospital de nombre «Ciudad Nueva»:

¿Qué más? Algo hermoso es la filantropía, dar sustento a los pobres y ofrecer ayuda a la debilidad humana. Sal un poco de la ciudad y contempla la Ciudad Nueva, el almacén de la piedad, el tesoro común de los pudientes, en el que por consejo de éste [Basilio] están guardadas las cosas superfluas de su riqueza e incluso también las necesarias, sacudidas de polillas, sin alegrar más a los ladrones y alejadas de la lucha de envidias y de los estragos del tiempo. Aquí la enfermedad se dedica a filosofar, las desgracias reconfortan y la compasión se pone a prueba.

Frente a esta obra, ¿qué significan para mí Tebas la de Siete Puertas y la egipcia, las murallas de Babilonia, la tumba caria de Mausolo, las pirámides, el desmesurado bronce del coloso o el tamaño de templos y la belleza de lo ya pasado, y todas las demás cosas que los hombres admiran y ponen en sus historias, cosas de las que sus constructores no obtuvieron provecho salvo un poco de fama?

Para mí lo más admirable es el atajo de la salvación, la fácil ascensión al cielo. Ya no se encuentra ante nuestros ojos un espectáculo terrible y digno de compasión, hombres muertos en vida y acabados en casi todos los miembros de su cuerpo, expulsados de ciudades, casas, mercados, fuentes, de sus seres más queridos, reconocidos más por sus nombres que por sus caras… Pero éste [Basilio] es de todos el que más nos persuadió de que, como hombres que somos, no despreciáramos a los hombres ni deshonrásemos a Cristo, la única cabeza de todos, por crueldad contra ellos.

Una vez más, este listado de maravillas del mundo de Gregorio no podía ser en modo alguno comprensible para cualquiera, aunque sólo sea porque en él se incluye a Tebas la de Cien Puertas de Egipto –una maravilla que hasta el momento sólo aparecía mencionada en Plinio (véase capítulo 1)–, a Tebas la de Siete Puertas –de la que no teníamos mención hasta el momento– y, finalmente, porque nada se dice de las divinidades paganas a las que se hace referencia con «el desmesurado bronce del coloso» y con «el tamaño de templos».

Este último ejemplo fue interpretado por los eruditos bizantinos que hicieron comentarios sobre estas cuestiones, y probablemente con razón, como alusivo al Templo de Ártemis en Éfeso. Así, por ejemplo, la vaguedad de los datos de Gregorio obliga a que el autor del comentario redactado en la primera mitad del siglo VI y transmitido bajo el nombre de Nono, así como los *Scholia Alexandrina* («Explicaciones Alejandrinas»), aproximadamente de la misma época, ofrezcan dos recopilaciones sobre el tema «Maravillas del Mundo»:

Escolio sobre las Siete Maravillas de Mundo:

1. El templo de Ártemis en Éfeso.
2. El Zeus repujado de oro en Élide junto al Alfeo, de

dieciséis codos, al que los incrédulos eleos le perforaron el talón.

3. Las murallas de Babilonia, las que Semíramis hizo construir de ladrillo y asfalto, con un perímetro de cuatrocientos estadios, el grosor del muro tiene ochenta codos.
4. Las pirámides de Egipto, de las cuales la mayor tiene cuatrocientos codos.
5. El palacio de Ciro en Pérgamo.
6. La Atenea de Fidias en Atenas, realizada en marfil y oro.
7. El coloso de Rodas, de sesenta codos, de bronce, que todavía estaba en pie en tiempos del emperador Tiberio, según Aristóteles tenía diecinueve codos.

Y según otros:

1. El templo de Éfeso.
2. Las murallas de Babilonia.
3. Las pirámides.
4. El Zeus de Olimpia, de oro y marfil, sentado en su trono, de cien pies.
5. La Atenea de Atenas.
6. El Mausoleo de Halicarnaso.
7. Las Memnoneas de Egipto frente a Dióspolis de Tebaida, la parte inferior construida con roca negra y moteada de rojo, de alto algunas como mucho cien codos, pero las más altas doscientos codos. Es la imagen de Memnón en piedra moteada de rojo de ochenta codos. La uña del dedo gordo del pie tiene cuatro palmos.

– Una casa de una sola piedra, con siete lechos, de alabastro.

La primera lista menciona en vez del Mausoleo de Halicarnaso el palacio de Ciro, pero no lo ubica en Ecbatana, sino en Pérgamo. En esta lista se atribuye a Aristóteles un comentario sobre el Coloso que no pudo haber hecho, pues cuando se construyó este monumento el filósofo llevaba ya más de veinte años muerto. Y en vez de los Jardines Colgantes de Babilonia se menciona la estatua de Atenea en Atenas (véase capítulo 5). La segunda lista, que cuenta hasta siete maravillas del mundo, pero de hecho menciona ocho, adopta esta misma sustitución, eleva la altura del Zeus de Olimpia hasta los 30 metros y, en lugar del Coloso de Rodas, introduce las Memnoneas, que supuestamente serían incluso tres veces más altas que éste. Estas estatuas colosales –las esculturas sedentes del faraón Amenofis III (1403-1365 a. C.), que en realidad tenían «sólo» unos 20 metros de altura– eran un destino turístico muy popular desde los primeros tiempos de la época imperial romana. En el año 200 d. C., recibieron la visita del emperador romano Septimio Severo, quien también quiso ver las Pirámides y el Laberinto de Egipto –es decir, dos edificaciones que ya aparecían en Plinio (véase capítulo 1) como maravillas del mundo–. Asimismo, esta segunda lista nombra una nueva maravilla: una casa labrada de una sola piedra.

Parece evidente que esta compilación no era suficiente cuando se abordó la revisión de estos escolios (atribuida a Basilio Mínimo) y, por lo tanto, en ella se hace un añadido en el que figuran el Capitolio de Roma y el Templo de Adriano en Cícico, cuyo edificio predecesor había sido ya elogiado por Plinio. Conocíamos ya todas estas maravillas del mundo por el comentario de Cosme al epigrama de Gregorio, pero también las incluye como por descontadas el comentario más detallado (y también traducido al latín) sobre el discurso de Gregorio, es decir, la anotación de Nicetas de Heraclea fechada en el siglo XI:

Una es la Tebas de Egipto, y no la de Siete Puertas de Grecia que fue levantada por Zeto y Anfión mediante una cítara [véase pág. 124], sino la de Cien Puertas que tiene murallas a su alrededor realmente admirables.

La segunda son las murallas de Babilonia, que Semíramis hizo construir con ladrillo y asfalto, con un perímetro de 300 estadios y una anchura de muro de 80 codos.

La tercera es la sepultura de Cesarea, la que Mausolo, el gobernante del país, hizo construir para sí grande, colorida y magnífica sobre una colina y en un lago estancado. Dentro estaba la sepultura. Estaba escrito «sepultura caria» para mostrar la propiedad, o también «del cario» para mostrar la procedencia del cario Mausolo.

La cuarta son las pirámides, unas edificaciones de Egipto dignas de contemplarse y muy costosas. Según algunos, fueron construidas muy hábilmente por José para servir como silos y se llaman graneros de José, pero según unos griegos eran para servir de espacio de monumentos reales. Uno de éstos era Heródoto. Éste dijo que era probable que, después del momento en que murió José y del éxodo de Israel, los griegos hubieran construido éstas como sepulturas reales. Se afirma que hasta ese-

momento en Egipto las pirámides eran pequeñas y también muy grandes.

La quinta es el coloso de Rodas, una representación de Apolo, la más grande y más admirable de todas. Algunos dicen que es una columna de bronce y de una gran altura, de seiscientos codos según Aristóteles.

A éstas se añade la sexta maravilla del mundo: el Capitolio de Roma.

Y la séptima: el santuario de Adriano en Cícico.

A estas alturas se suponía que el Mausoleo estaba ubicado en Cesarea, que el Coloso de Rodas (sobre el que Aristóteles nunca pudo haber escrito) era la estatua de Apolo, y las Pirámides, los graneros de José. A la luz de estas «libertades», tampoco resulta sorprendente el hecho de que se atribuyan al historiador Heródoto datos sobre las Pirámides que él nunca dio.

Las dos «nuevas» maravillas del mundo –el Capitolio de Roma y el Templo de Adriano en Cícico– aparecen nombradas por primera vez en un epigrama que glorifica el palacio del emperador Anastasio (491-518 d. C.) y que se ha transmitido en la *Antología Palatina* sin mención de su autor:

Soy morada de Anastasio, rey tiranicida,
sólo yo me alzo descollante sobre las ciudades de la tierra,
causo admiración a todos. Cuando los mandatarios de las obras
vieron mi altura junto con mi longitud y mi inmensa anchura,

afirmaron que dejarían la poderosa obra sin techar.
Pero como privilegio por su esforzado arte me obtuvo
el talentoso Eterio, me dio forma,
y me ofreció a mi intachable señor como primicia de sus destrezas.
Entonces fui recreciendo mi ilimitado tamaño por todos lados
y sobrepasé a las celebradas maravillas de la tierra ausonia [Italia].
Apártate ante los más poderosos, gracioso palacio del Capitolio,
por más que envíes fulgores de tus broncíneos tejados.
Esconde, Pérgamo, ese brillante adorno tuyo, el bosque rufinio,
azorado por las salas del inmensurable palacio.
No cantes ya, Cícico, el irreprochable templo labrado
en piedras enormes del emperador Adriano.
Ni las pirámides se pueden comparar a mí, ni el coloso,
ni el Faro. Solo yo les aventajo por mi enorme brillo.
Éste que porta el cetro, después de la victoria letal para los isaurios,
me finalizó como morada refulgente de la Recién Nacida,
por todas partes abierto a las brisas de los cuatro vientos.

Como séptima y mayor maravilla, el autor de estos versos ensalza el palacio de Anastasio. De las maravillas que conocemos de listas anteriores, ya sólo nombra las Pirámides de Egipto, el Coloso de Rodas y el Faro de Alejandría, que no había figurado en las listas más antiguas. Además de éstas, incluye, como se ha dicho, el Capitolio de Roma, el

Templo de Adriano en Cícico y, por vez primera, el santuario de Asclepio en Pérgamo, donado por un rico pergameno, Lucio Cuspio Pactumeyo Rufino, el cónsul del año 142 d. C. (de ahí que se lo denominara «bosque rufinio»).

Maravillas del mundo bíblicas

Con el paso del tiempo, la confección de listas se fue haciendo con mayor libertad. De este modo, en el siglo VI el obispo Gregorio de Tours puede nombrar junto a cuatro maravillas del mundo bien conocidas –las Murallas de Babilonia, la «tumba del rey persa» (¿el Mausoleo de Halicarnaso?) que fue labrada de una sola piedra, el Coloso de Rodas y el Faro de Alejandría–, otras nuevas como el Teatro de Heraclea, que aparece por vez primera, y, especialmente, el Arca de Noé y el Templo de Salomón.

La mayoría de los filósofos, cuando descansan del estudio de las letras, casi más que de otras cosas escriben sobre las Siete Maravillas, de las cuales alguna omitiré y otras, más dignas de admiración, me será grato recordarlas. Las formas y edificaciones de éstas son así:

Como primera maravilla ponemos el arca de Noé, que fue ordenado por boca del Señor cómo debía ser hecha. Su longitud era de trescientos codos, su anchura de cincuenta y su altura de treinta. Leemos que el arca tenía dos y tres cubiertas. Toda su construcción se remató con exactitud. Tenía una ventana o un portillo a un lado. En ella a partir de todo tipo de aves del cielo y de bestias de la tierra y de reptiles, junto con ocho hombres, se preservaron las especies para la restauración del mundo por causa del diluvio.

La segunda ponemos Babilonia, cuya ubicación según Orosio es la siguiente: «Visible desde todas partes en la llanura del campo, próspera, dispuesta a semejanza de un campamento y con murallas iguales en cuadrado. La firmeza y tamaño de sus murallas apenas era creíble en el relato: cincuenta codos de ancho y cuatro veces esa medida de altura. Además, su perímetro alcanzaba los cuatrocientos setenta estadios. La muralla estaba construida con ladrillos y asfalto vertido. En el frente de las murallas había cien puertas de bronce. Tenía la misma longitud en la finalización de las almenas, había dispuestos habitáculos para los defensores a uno y otro lado por igual, y en el espacio entre medias cabían dos cuadrigas a la vez. Las casas intramuros tenían cuatro pisos, las moradas eran admirables por su descollante altura». Esta ciudad fue la primera, tras la restauración del género humano, fundada por el gigante Nebroth.

La tercera es el templo de Salomón, que fue una maravilla no tanto por el tamaño del edificio como por sus ornamentos. «Construyó los muros del edificio interior con tablas de cedro desde el suelo del edificio hasta lo más alto de las paredes y hasta los artesonados, y los cubrió en el interior con maderas y entrelazó el pavimento del edificio con tablas de abeto. Construyó a veinte codos junto a la parte más interior del templo un entablamento de cedro desde el suelo hasta lo más alto e hizo el tabernáculo en el sanctasanctórum. Además este templo ante las puertas del tabernáculo tenía cuarenta codos y todo el templo estaba por dentro revestido de cedro con elementos torneados y junturas muy elaboradas y grabados preciosos. Todo estaba revestido con tablas de cedro y no podía apreciarse piedra alguna en las paredes. Hizo dentro el tabernáculo en medio del templo de modo que se pusiera allí el arca de la alianza del Señor. Asimismo, el tabernáculo tenía veinte codos de largo y veinte de ancho, y lo cubrió y revistió con oro purísimo. Pero el altar lo revistió de cedro. El edificio frente al altar también lo cubrió de oro y fijó láminas con clavos de oro. No había nada en el templo que no estuviera recubierto de oro. Y todo el altar del tabernáculo lo cubrió con oro. E hizo en el tabernáculo dos querubines de olivo. De diez codos de alto y cinco codos de ala por cada querubín, es decir, había diez codos desde el extremo de un ala hasta el extremo de la otra. El otro querubín también medía diez codos de extensión. Y puso los querubines dentro en mitad del templo y los cubrió con oro. Todas las paredes circundantes las decoró con grabados variados y con torneados, y en ellas talló querubines, palmas y diversas imágenes que casi emergían y salían de la pared. Pero también cubrió de oro el pavimento del templo por dentro y fuera. Y en la entrada del tabernáculo hizo unas puertecillas de olivo, cinco postes cuadrados y dos puertas de olivo. Y en ellas talló figuras de querubines, varios tipos de palmeras y relieves que resaltaban poderosamente. Cubrió todo esto de oro. Igualmente fijó en la entrada del templo postes cuadrados de olivo y dos puertas de madera de abeto. Cada puerta tenía dos batientes que cerraban uno junto a otro, y talló querubines, palmas y grabados que resaltaban poderosamente». Allí también hizo muchas otras cosas admirables, que serían largas de narrar.

La cuarta es la tumba de un rey persa, hecha ahuecando una piedra de amatista, labrada con un trabajo maravilloso y tanto por fuera como por dentro tiene retratos de personas, de animales o pájaros que sobresalen de las puertas. Y también tiene árboles tallados con sus hojas y frutos en trabajo de cincel.

La quinta es la estatua del coloso, colocada en la isla de Rodas, de bronce fundido, cuya altura es tan inmensa que uno apenas alcanza a lanzar una piedra a su cabeza. También muchos dicen que un hombre puede ascender por su pierna hasta la cabeza si tuviera un acceso por donde entrar. Además aseguran que su cabeza puede guardar veintidós coros de trigo.

La sexta es el teatro de Heraclea que está hecho de un monte, de tal modo que todo ha sido realizado de un solo lado: tanto por fuera las paredes como por dentro los arcos, los fosos, las escaleras, los asientos. Y toda esa obra está hecha de una sola roca, aunque está revestida de mármol de Heraclea.

La séptima es el Faro de Alejandría, erigido sobre cuatro cangrejos de tamaño maravilloso. Éstos no podían ser pequeños, visto que sostenían un peso tan inmenso tanto en altura como en anchura. En efecto, cuentan que si un hombre se tumba extendido sobre una pinza cualquiera de un cangrejo, no puede cubrirlo. Por otra parte, este faro se enciende de noche con paja de fondos públicos, y esto para que en tiempo de noche los marinos sin rumbo por viento o borrasca, si no pudieran ver las estrellas, sepan a qué rumbo deben dirigir sus velas.

Con todo, estas maravillas han sido construidas, bien sea por mandato de Dios, bien sea por invención de los hombres, y es sabido que han sido edificadas por hombres y por esto algunas ya han caído y otras están próximas a su ruina...

Aquí, dos de las obras descritas con detalle en la Biblia (y citadas literalmente por Gregorio), a saber, el Arca de Noé y el Templo de Salomón, reemplazan a dos maravillas del mundo paganas, como son la Estatua de Zeus en Olimpia y el Templo de Ártemis en Éfeso.

Sin embargo, esta parte de la lista no se impuso, si bien el Teatro de Heraclea, que también nombra Gregorio, lo hallamos nuevamente en una lista transmitida bajo el nombre de Beda el Venerable, monje inglés y prolífico autor, que trabajó a principios del siglo VIII en Jarrow, en el norte de Inglaterra. De esta lista circularon múltiples versiones, de las cuales presentamos la siguiente:

Sobre las Siete Maravillas del Mundo

La primera maravilla es el Capitolio de Roma, la ciudad de ciudades de todo el mundo. También hay ahí estatuas de pueblos dominados por los romanos. Estas estatuas llevaban escrito sobre el pecho el nombre del pueblo cuya imagen representaban. Cada estatua llevaba al cuello una campanilla. Unos sacerdotes, siempre vigilantes, las custodiaban día y noche. Y si cualquier pueblo de éstos intentaba rebelarse contra el Imperio Romano, se movía la estatua de ese pueblo y la campanilla del cuello empezaba a sonar, de modo que los sacerdotes anunciaban de inmediato el nombre a los príncipes para que supieran contra qué pueblo debían enviar sin demora un ejército para reprimir el levantamiento.

La segunda es el Faro de Alejandría, que está cimentado a veinte pasos bajo el mar sobre cuatro cangrejos de vidrio. Es una maravilla de qué manera se han hecho cangrejos tan grandes, cómo han sido transportados sin quebrarlos, cómo pudieron echar por encima los cimientos, cómo el cemento fraguó bajo el agua y por qué los cangrejos no se han quebrado o por qué los cimentos ya echados por encima no se escurren.

La tercera es el coloso de la isla de Rodas, una estatua hecha de bronce fundido de 135 pies. Es una maravilla cómo una mole tan inmensa pudo ser fundida, fue erigida y pudo permanecer en pie. Este coloso es doce pies mayor que el de Roma.

La cuarta maravilla es la estatua de hierro de Belerofonte que se encuentra suspendida con su caballo en lo alto de la ciudad de Esmirna. Está quieto en el aire y no pende de cadenas ni la sustenta ningún madero por debajo, sino que en los arcos hay unas grandes piedras magnéticas, allí se eleva por atracción y permanece estable en equilibrio. Una estimación de su peso llega a unas cinco mil libras de hierro.

La quinta maravilla es el teatro de Heraclea, esculpido de un solo mármol de tal modo que todas las dependencias, salas, muros y recintos para animales están hechos de una sola piedra maciza y parece que se sostiene sobre siete cangrejos esculpidos de la misma piedra. Y nadie puede hablar consigo mismo o con otro tan secretamente dentro del perímetro que no le oigan los demás que se encuentran en el propio perímetro.

La sexta maravilla es el baño que Apolonio de Tiana enciende con una sola vela de consagración, que calienta las termas con fuego perpetuo sin ninguna otra alimentación.

La séptima maravilla es el templo de Diana. Sobre cuatro columnas se han echado los primeros cimientos de los arcos, y luego, creciendo gradualmente sobre los cuatro arcos, hay grandes sillares colocados sobre los primeros arcos. Sobre los cuatro hay ocho columnas y ocho arcos, luego en el tercer nivel van creciendo en equilibrio por los cuatro lados sillares cada vez mayores. Encima de ocho se ponen dieciséis. Encima de dieciséis treinta y dos. Este es el cuarto nivel. En el quinto hay sesenta y cuatro columnas y arcos, y encima de sesenta y cuatro, con ciento veintiocho, toca el fin de tan admirable edificio.

El Teatro de Heraclea es maravilloso por dos motivos que en otros autores se asignaban a dos maravillas distintas. Por una parte, está labrado a partir de una sola piedra, como pasaba con el edificio sin localización que menciona el añadido a la segunda lista de los *Scholia Alexandrina* (véase pág. 128) o como la «tumba del rey persa» que trae a colación Gregorio de Tours (véase pág. 133). Por otra parte, tiene la misma acústica maravillosa que Cosme de Jerusalén (véase pág. 125) había mencionado con referencia a un edificio «junto al anfiteatro» de Heraclea.

Al mismo tiempo, en la lista atribuida a Beda se nombran el Capitolio de Roma con las estatuas que anunciaban con sus campanillas los levantamientos; el Faro de Alejandría, que ahora incluso se yergue sobre cuatro cangrejos de vidrio; el Coloso de Rodas, que es mayor, si cabe, que el Coliseo de Roma (véase capítulo 1), y unas termas que se calientan solas –no resulta gratuito preguntarse si tal maravilla pudo haberse inventado en otro sitio que no estuviera precisamente en el frío y ventoso norte de Inglaterra–. *Last, but not least:* el Templo de Ártemis (Diana) de Éfeso no entra aquí en consideración como maravilla del mundo por su tamaño y su belleza, sino únicamente por su fantástica arquitectura. (Es más que evidente que tal edificio sólo se hallaba en el mundo de la imaginación).

Siete, ocho, nueve y más maravillas del mundo

Las compilaciones mencionadas hasta el momento han mantenido el número siete como una constante. Si acaso, introducían una octava maravilla que sobrepasaba a todas las demás y, si era necesario, sustituían siempre una maravilla bien conocida por otra nueva, de carácter cristiano.

En los autores de la Alta Edad Media, por el contrario, se muestra la tendencia a no limitarse estrictamente al número siete. Durante el siglo XII, Eustacio de Tesalónica, en su comentario sobre la *Odisea* de Homero, cuando habla de la palabra «maravilla» todavía nombra el Mausoleo, el Templo de Ártemis en Éfeso, los Jardines Colgantes y las Pirámides, y Dionisio de Alejandría, en su comentario sobre la *Canción del mundo,* enumera el Coloso y otra vez los Jardines entre los «Siete Espectáculos». Por otro lado, un poema sobre las Siete Maravillas del mundo recogido en la obra histórica de Jorge Cedreno, escrita en torno al 1200, se limita a dar cuenta de ocho maravillas sin realzar ninguna de ellas en especial y sin advertir en modo alguno la evidente incongruencia. Entre ellas se incluye de nuevo el Templo de Cícico (que ahora es famoso por no tener juntas) y el bosque de Rufino:

> Los llamados Siete Espectáculos son los siguientes:
> La vacía insolencia de las antiguas pirámides
> de Egipto, las cuales tiene a alarde la divagante tierra,
> y la torre de Faro, equiparable a las estrellas.
> Un gran coloso, el archiconocido, de Rodas,
> y un perfecto templo de Cícico sin juntas.
> Un templo de Ártemis efesia
> y una tumba famosa, la de Mausolo,
> que erigió Artemisia,
> la desgraciada cónyuge de Mausolo por entonces,
> y el teatro de Mira en Licia,
> que desmontó la descendencia de Ismael.
> Y el bosque rufinio en Pérgamo,
> cuya belleza recorrió todo el país.

Mejor sabía contar un autor griego anónimo que reelaboró esta lista y reemplazó el templo de Ártemis por la iglesia de Santa Sofía de Constantinopla (mencionada ya por Cosme), a la que señaló como octava maravilla que superaba en todo a las siete restantes. Otro copista griego del siglo XIII habla ya directamente de «ocho espectáculos»:

Los ocho espectáculos del mundo son los siguientes:

1. El Faro de Alejandría: El Faro es un lugar elevado, al subir a él uno contempla una gran distancia.

2. El Belerofon[te] de Esmirna –no lo sabía.
3. La tumba caria de Pausolo –tampoco lo sabía.
4. El coloso de Rodas, es decir, la luz, el teatro.
5. El Capitolio de Roma, es decir, el palacio.
6. El templo de Cícico.
7. Las murallas de Babilonia.
8. Y las pirámides de Egipto, que no tienen sombra, pues el sol las alumbra por completo. Cuando una cosa o un hombre está a pleno sol, arroja sombra. Sin embargo, las pirámides, aun estando a pleno sol, no tienen sombra, porque no poseen ninguna, ya que fueron construidas por un antiguo artista local de un modo mañoso.

Es manifiesto que el autor no conoce de primera mano el Faro de Alejandría, aunque, ciertamente, tampoco en 1572 Maarten van Heemskerck sabía acerca del Faro (figura 9, pág. 144) mucho más que él. El Mausoleo de Halicarnaso aparece asignado a un tal Pausolo, el coloso de Rodas incluso son «las luces, el teatro»... De un modo muy pertinente, este autor reconoce hasta dos veces «¡no lo sabía!».

La enumeración más extensa se escribió en torno al 1300. Se trata de la lista de «las obras y espectáculos más bellos del mundo», conservada en un códice de la Biblioteca Vaticana. Aquí ya no son siete, sino treinta de una vez, y en ellas nos encontramos de nuevo con casi todos los edificios y obras de arte legendarios que a lo largo de un milenio y medio han sido considerados como maravillas del mundo por los diversos autores de los que se ha hecho mención en este libro (y por algunos más):

En Éfeso el templo de Ártemis.
Las murallas de Babilonia.
Las pirámides de Egipto.
En Roma el templo de Afrodita y de Roma.
En Roma, el anfiteatro [Coliseo].
En Halicarnaso la tumba de Mausolo.
En Roma la Naumaquia de Cayo y Lucio.
En Creta el laberinto.
En Olimpia el Zeus, obra de Fidias.
En Epidauro el Asclepio, obra de Fidias.
En Rodas el coloso, obra de Cares.
En Argos, la Hera, obra de Policleto.
En Cnido la Afrodita, obra de Praxíteles.
En Mileto el templo de Apolo.
En Roma, el obelisco del Circo, que fue traído desde Egipto.

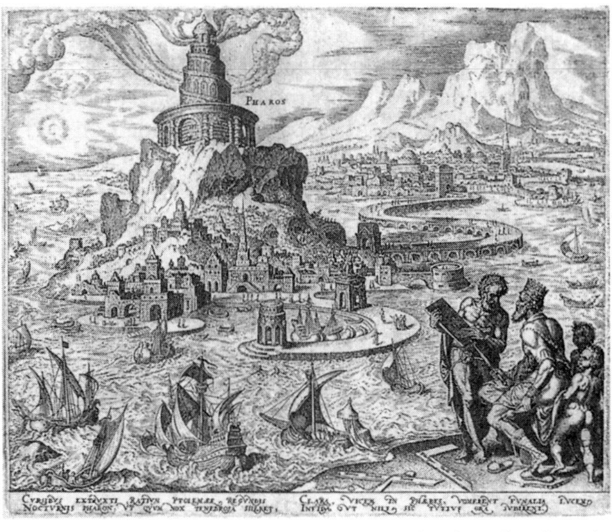

FIGURA 9. Maarten van Heemskerck: El Faro de Alejandría (1572).

El templo de Zeus en Heliópolis.
En Carras [Harran] el [templo] de Selene.
El [templo] de Adriano en Cícico, inacabado.
El [templo] de Zeus en Damasco.
En la Tebaida las Siringes.
En Sidón el teatro.
El [teatro] de Heraclea en Tracia.
El templo de Sarpedón [¿Serapis?] en Alejandría.
El [templo] de Asclepio [en el bosque de Rufino] en Pérgamo.
El pórtico en Sardes.
El subterráneo de Heracles en Sardes, que tiene una profundidad de doscientos cincuenta escalones.
En Éfeso el puerto, completamente labrado a mano.
En Nicomedia [la estatua] de Antonino [la estatua de Caracalla].
En Bérito [Beirut] la de Zeus, obra en oro y marfil de Fidias, sin acabar.
En Mira de Licia la Leto, toda de esmeralda, de un codo de larga, sedente en un trono de la misma piedra, obra de Praxíteles, sin acabar en la espalda y en el trono.

10. El renacimiento de las maravillas del mundo

Ad fontes: De vuelta a las fuentes antiguas

Cuando a finales de la Edad Media, a mediados del siglo XV, Jorge Sanguinatio, médico griego activo en Roma y cónsul, compuso un poema sobre las «maravillas del mundo», lo tituló en su desconocimiento, o simplemente menospreciando el número siete, de la manera siguiente:

[Poema] Del cónsul romano Sanguinatio sobre los dieciséis espectáculos del mundo.

Tebas, la de Cien Puertas, murallas preciosas,
murallas de Babilonia, fundación de Semíramis,
fundación de la tumba de Mausolo, creada con arte.
Con arte también se yerguen las pirámides de José,
como otro espectáculo considero el Capitolio de Roma,
también el templo de Adriano, erigido en Cícico.
Erigido también está otro espectáculo, el coloso de
Rodas,

el octavo es otro espectáculo, el Faro de Alejandría,
el noveno la muralla circular de Cesarea,
el décimo espectáculo el de Heraclea,
el undécimo es el Félefo de Esmirna,
el duodécimo el laberinto, una cueva en Creta,
otra torre el decimotercero,
en Éfeso el templo de Ártemis es otro más,
el decimoquinto es el templo de Bizancio,
y en Pérgamo el santuario del rey Ciro.

Ni el número de las maravillas del mundo ni sus nombres ni propiedades eran ya conocidos. El Belerofonte de Esmirna es un Félefo, el laberinto una cueva, y de tres maravillas antiguas (el bosque de Rufino en Pérgamo, el santuario de Zeus en Olimpia y el palacio de Ciro en Ecbatana) se ha hecho una: «en Pérgamo el santuario del rey Ciro»...

Una generación más tarde, en 1482, el humanista italiano Angelo Ambrogini, llamado Policiano por ser su ciudad natal Montepulciano (cerca de Siena), pronunció en la Universidad de Florencia ante la «juventud etrusca», sus estudiantes, su lección inaugural. Lo hizo en versos latinos, cosa muy apropiada, pues el tema trataba de la poesía clásica de Virgilio. Y para poner de manifiesto su inmortalidad la comparó precisamente con las Siete Maravillas del mundo.

Ea, juventud etrusca, prestos a porfía,
tras haber sacrificado a las sagradas Aonias [las Musas],
    acudid conmigo

para ver los magistrales monumentos del eterno poeta,
los que bordados en los peplos de la casta Minerva
no explicaste en la solemne celebración del lustro, vieja Atenas,
pintados de rojo escarlata siempre que las batallas cobran vida,
Tampoco la añosa gloria ensalza por su fama septena las maravillas
que están dispersas por el inmenso mundo.
Mas que no compare ni la beligerante Babilonia sus murallas
batidas por cuadrigas ni los Jardines Colgantes en sereno cielo,
o Delos su altar hecho de cuernos
derechos, o la dorada Rodas la mole del enorme Febo,
y tampoco los carios, Mausolo, los relieves de tu sepulcro,
ni la Élide el marfil de Fidias, ni la propia lengua
del lascivo Canobo se jacte de las soberbias pirámides.
Puesto que estas [maravillas], ya sacudidas por el poderoso tridente de Neptuno,
ya por tu disparo, Sumano, alcanzaron la ruina,
ya expuestas a terribles tormentas o a la ira de Cauro
perecieron, o a los silenciosos dientes del lento tiempo.
Pero la obra del poeta queda eterna y permanece a lo largo de los años.

Las Murallas y los Jardines Colgantes de Babilonia, el Altar de cuernos de Delos (mencionado ya por Marcial como maravilla del mundo: véase capítulo 1), el Coloso de Rodas, el Mausoleo de Halicarnaso, la Estatua de Zeus en Olimpia y las Pirámides de Egipto. De manera bien distinta a Sanguinatio,

Policiano nombra con exactitud las siete maravillas del mundo, aunque no las conozca todas con detalle. Al igual que Nicetas (véase pág. 130), supone que el Coloso de Rodas es la estatua de Apolo. Asimismo, el humanista rechaza desde luego las listas de maravillas del mundo que proliferaban en la Edad Media y, con espíritu típico del Renacimiento, se esfuerza por conseguir una imagen de la Antigüedad libre en lo posible de ese tipo de excrecencias, obteniéndola de las fuentes antiguas, en cuyo estudio se afana.

El renacimiento de las siete maravillas del mundo fue rápido. Una generación después de Policiano estaban ya tan extendidas que en 1517 el fundador de otra universidad, el Corpus Christi College de Oxford, pudo establecer en sus estatutos que los profesores, tras comer y beber, deben permanecer sentados juntos, cantar unos con otros o hablar sobre «poesía, historia y las maravillas del mundo».

Este tipo de conversaciones parece haber surtido su efecto. Cuando en la segunda mitad de ese mismo siglo, el médico y humanista holandés Adriaen de Jonghe (1511-1575), bajo su nombre latinizado Hadrianus Iunius, compone versos latinos sobre las maravillas del mundo, en lugar del Altar de cuernos nombra de nuevo la Estatua de Zeus. Sin embargo, sigue a Marcial de otra manera, pues como octava maravilla del mundo también enumera el Coliseo (véase capítulo 1), y además lo hace con una referencia explícita al poeta nacido en Bílbilis (Calatayud), cuyos epigramas, por cierto, había dado a la imprenta en 1568.

1. Las pirámides de Egipto.
Los reyes farios [egipcios] escarpadas maravillas de pirámides,
moles ascendentes en escalón, monumentos para los sepultados,
dispusieron, y [les] enseñaron a soportar los raudos fuegos de Hiperión [el dios sol]
como vecinos, en los vastos confines de Menfis.

2. El Faro.
Erigiste, Ptolomeo, para guiar de las naves los cursos
nocturnos el Faro, de modo que cuando la tenebrosa noche callara,
claras las antorchas arrojaran luz en lugar de Febo [Apolo],
para que se aproximaran con mayor seguridad a las infieles orillas del Nilo.

3. Las murallas de Babilonia.
Cortada la cerviz de su marido, la imperiosa
Semíramis mandó rodear la alta Babilonia con murallas
de ladrillo y de viscoso asfalto: puertas
añadió ciento y sobre ellas su noble busto.

4. El templo de Diana efesia.
La amazonia Éfeso te erigió a ti, Delia [Ártemis], esta sagrada
morada, ingente ornamento de la exuberante Asia.
Los cimientos sostiene un pantano con carbones
previamente relleno, a fin de permanecer inamovibles al crujido de la tierra.

5. Mausoleo.
Del sepulcro de su marido Mausolo exigió extraer las cálidas
cenizas, como prueba de su crecida piedad,
dispuso un túmulo cuyos animados
relieves cincelaron los más grandes artistas en mármol.

6. El coloso del Sol.
Siete veces diez codos dicen que igualaba
el Coloso, tal como una ingente torre, bajo nombre de Sol
hecho de hueco bronce, con una enorme cueva de rocas
en su interior, recibió honores entre los rodios.

7. La estatua de Júpiter Olímpico.
Élide, madre de las Olimpíadas, que marca de los aqueos [griegos]
los fastos con nobles juegos, cierra las Maravillas.
Y enseña el Júpiter de Fidias de níveo marfil,
la forma como sacudió el Olimpo con su cabellera y su asentimiento.

8. El Anfiteatro
A estos añade el poeta [Marcial] de cuyo nacimiento Bílbilis
se enorgullece el sacro ornato del anfiteatro imperial,
mole que imitando el globoso aspecto del mundo
acogió a los pueblos en sus graderías y procuró los juegos.

Las siete maravillas en imagen

Los versos de Hadrianus Iunius que acabamos de citar se encuentran en un volumen de poesías publicado póstumamente en 1598. Sin embargo, los encontramos por primera vez, aunque sin que aparezca nombrado el poeta, en una serie de ocho grabados sobre cobre que el grabador holandés Philips Galle publicó en 1572 según los modelos del pintor Maarten van Heemskerck (1498-1574), que era amigo de Iunius. Estas ilustraciones son las que adornan nuestro libro (figuras 3-10).

Las imágenes de las maravillas del mundo de Heemskerck no son reconstrucciones de la realidad antigua, sino más bien representaciones modernizadas para sus contemporáneos. Por ejemplo, el templo de Ártemis (figura 6, pág. 101) se muestra como iglesia. Sólo el *Amphitheatrum* del Coliseo (figura 10, pág. 153) aparece representado de manera correcta en el estado en el que se hallaba en ese momento, pues el artista había estudiado en Roma durante varios años, de modo que este grabado posee además un valor histórico adicional para la arquitectura. Sin embargo, el coloso de Nerón al que el Coliseo debe su actual nombre (véase pág. 19) y que Heemskerck sitúa en la arena, hacía tiempo ya que había desaparecido y la forma en que se nos representa es producto de la fantasía de Heemskerck, al igual que las restantes imágenes de las maravillas del mundo.

Esta serie de grabados conoció tres impresiones. Sus dos partes –los versos y las ilustraciones– tuvieron una amplia difusión, incluso por separado. Así, la serie publicada en 1608 por el artista florentino Antonio Tempesta acompaña versos de otro humanista, Josse de Rycke (Iustus Rychius, 1587-1627), en lugar de los de Iunius, pero las poesías de Iunius sobre las Murallas de Babilonia, la Estatua de Zeus en Olimpia, el Coloso de Rodas y el Faro de Alejandría aparecen a su vez acompañando también a la serie de ilustraciones sobre las maravillas del mundo que el grabador holandés Crispijn de Passe el Viejo publicó en 1614 según los modelos del pintor Maarten de Vos.

La enorme difusión que alcanzó esta obra gráfica se aprecia en el hecho de que el cartógrafo holandés Willem Janszoon Blaeuw la incluyó representada en los márgenes de su mapa del mundo, impreso por vez primera en 1606 y muy extendido por toda Europa. Incluso las primeras reconstrucciones de las maravillas del mundo, que el arquitecto austríaco Johann Bernhard Fischer von Erlach publicó en las ilustraciones de su teoría de la arquitectura, *Esbozo de una arquitectura histórica*, aparecida en 1721, toman parcialmente como modelo la obra de Heemskerck.

La difusión de su obra gráfica también se pone de manifiesto cuando se visita el castillo de Velturno-Feldthurns y el monasterio de Novacella-Neustift, situados ambos en Bressanone-Brixen, Tirol del Sur (Italia). En la residencia de verano del príncipe obispo de Brixen en Velturno, un artista de Brescia hizo ya en 1582, sólo diez años después de la aparición de los grabados de Galles, unas pinturas murales de las Siete Maravillas del mundo siguiendo su modelo. Y en 1669 otro pintor llevó los frescos según el mismo modelo al baldaquino octogonal de la fuente del patio del monasterio.

Allí, como octava maravilla del mundo no se muestra el Coliseo ni ninguna otra obra de las mencionadas en las antiguas listas, sino el propio monasterio, en cierto modo dentro de esa tradición medieval de sustituir maravillas paganas por cristianas.

Sin embargo, a diferencia de sus hermanos medievales, los piadosos monjes del monasterio de Novacella-Neustift ya no se sentían escandalizados por el origen pagano de las Siete Maravillas del mundo. En la edad moderna, estos siete edificios y obras de arte legendarios formaban ya parte de la cultura general sobre la Antigüedad, tal como ha seguido ocurriendo hasta el día de hoy.

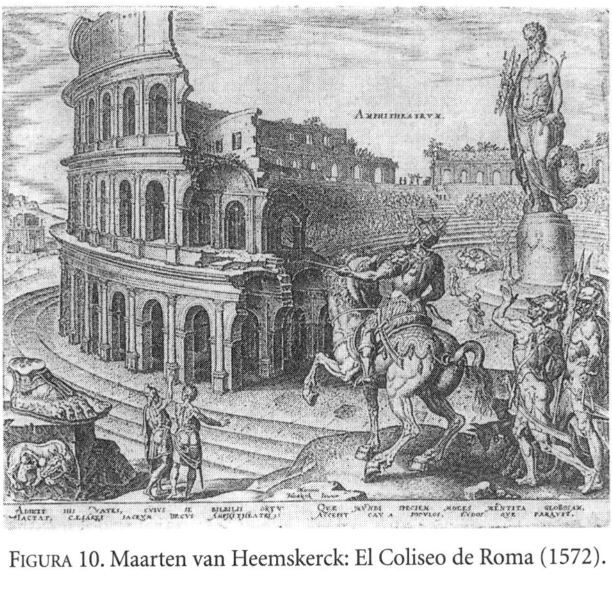

FIGURA 10. Maarten van Heemskerck: El Coliseo de Roma (1572).

Anexos

Medidas antiguas

Muchos de los autores antiguos que se citan nos ofrecen medidas de las Siete Maravillas del mundo. Tomando como medida básica el pie, las equivalencias son:

1 codo	=	1,5 pies
1 paso doble	=	5 pies
1 braza	=	6 pies
1 pletro	=	100 pies
1 estadio	=	600 pies
1 milla	=	1.000 pasos dobles

Por más que los datos de los autores antiguos puedan parecer exactos, al convertirlos a medidas modernas no debemos olvidar dos problemas:

Por un lado, los datos de las medidas hechas en la Antigüedad no siempre se han transmitido correctamente, pues en la Edad Media se fueron realizando copias sucesivas de los manuscritos; gracias a ellas, los textos antiguos se han preservado hasta hoy, pero en este procedimiento surgen inevitablemente errores, y de forma especial con las cifras.

En segundo lugar, en la Antigüedad no existía un patrón de medida vinculante para todos los tiempos y lugares. En consecuencia, la medida del antiguo pie podía variar entre 29,5 cm y 35,5 cm, es decir, que la equivalencia real de un estadio puede fluctuar entre poco menos de 180 metros y más de 210.

Referencias de los textos

Para no obstaculizar la continuidad de la lectura, todas las fuentes y referencias se han omitido en el texto, pero también se han reunido en el apéndice siguiente para que se puedan verificar los datos o para facilitar la labor de búsqueda por parte de aquel que esté interesado.

1. *Presentación de las Siete Maravillas del mundo*

Las listas de maravillas del mundo en su original griego o latino, junto con su traducción al alemán, se encuentran reunidas por vez primera en la edición de Filón de Bizancio que se cita en la bibliografía.

Laterculi Alexandrini: Papyrus Berolinensis 13044v, col. 8.22 ss. – Calímaco: estatua de Zeus: frg. 196 Pf.; Templo de Ártemis: *Hymnos* 3, 249 s.; Altar de cuernos de Delos: *Hymnos* 2, 58 ss.; sobre maravillas: frg. 407 ss. Pf. – Antípatro: *Anthologia Palatina* 9, 58. – Varrón en Gelio 3, 10, 16. – Diodoro: sobre las Pirámides 1, 63, 2 y 18, 4, 5; sobre el obelisco de Semíramis 2, 11, 5; sobre los Jardines Colgantes 2, 10, 1 ss. –Propercio,

Elegias 3, 2, 15 ss. – Vitrubio, *de architectura* 2, 8, 11 y 7 pr. 13. – Valerio Máximo 6, 4, ext. 1. – Estrabón 8, 3, 30 C 353 s. (Olimpia); 14, 1, 22 C 640 s. (Éfeso); 14, 2, 2 C 652 (Rodas); 14, 2, 16 C 656 (Halicarnaso); 16, 1, 5 C 738 (Babilonia); 17, 1, 33 C 808 (Pirámides). – Pomponio Mela 1, 85. – Séneca, *Dial.* 11, 1. – Inscripción de Pompeya: *Corpus Inscriptionum Latinarum* IV 1111. – Plinio 36, 75 ss.; 36, 30. – Marcial, *Spectacula* 1. – Plutarco, *mor.* 983e. – Curcio Rufo 5, 1, 24 ss. – Aulo Gelio 10, 8, 4. – Higino, *fabulae* 223. – L. Ampelio 8. – Casiodoro, *variae* 7, 15. – *Septem Mira:* Codex Vaticanus lat. 4929, fol. 149v. – Lactancio, *inst.* 3, 24, 1. – Amiano 22, 15, 28. – Filón de Bizancio 1. – «*raisonnement* falto de ingenio»: W. Kroll, Philon 49. En: *Realencyclopädie der classischen Altertumswissenschaften* XX 1. Stuttgart 1941, 54, 55, spec. 55 – «gran época de la Hélade»: Filón de Bizancio 3, 4.

2. *Las Pirámides de Egipto*

Diodoro 18, 4, 5. – Heródoto 2, 124, 1 ss.; al respecto A.B. Lloyd, Herodotus Book II: Commentary 99-182. (*Études préliminaires aux religions orientales dans l'empire romain* 43) Leiden 1988, 60 ss. – Hecateo de Abdera (*FGrHist* 264) en Diodoro 1, 63, 2 ss.; al respecto A. Burton, *Diodorus Siculus Book I: A Commentary.* (ibid. 29) Leiden 1972, 60 ss.– Frontino, *de aquaeduct.* 16. – Plinio 36, 75 ss. – Filón de Bizancio 2. – Amiano 22, 15, 28. Cf. H. Stöckhert, *Die schattenlosen Pyramiden, Sterne und Weltraum* 1, 1999, 76. – José: Génesis 41, 47ss. – Estrabón 17, 1, 33 C 808; sobre la sandalia de Rodopis cf. además Eliano, v.h. 13, 33.

3. *Las Murallas de Babilonia*

Nabucodonosor II, Inscripción sobre la Gran Piedra, col. 6, 1. 22 ss., ed. S. Langdon, *Die Neubabylonischen Königsinschriften.* Übers, v. R. Zehnpfund. (*Vorderasiatische Bibliothek* 4) Leipzig 1912, S. 133 ss., además R. Koldewey, *Das wieder erstehende Babylon.* Ed. B. Hrouda. Múnich 1990, 18 s.). – «Tintir es Babilonia», tab. 5, 1. 57 s., ed. A.R. George, *Babylonian Topographical Texts.* (Orientalia Lovanensia Analecta 40) Lovaina 1992, 67. – Pausanias 8, 33, 3. – Heródoto 1, 178, 2 ss.; al respecto R. Rollinger, *Herodots Babylonischer Logos.* (Innsbrucker Beiträge zur Kulturwissenschaft, Sonderheft 84) Innsbruck 1993 (con K. Brodersen, *Zeitschrift für Assyriologie und Vorderasiatische Archäologie* 38, 1993, 298 s.).– «Muchos reyes»: Heródoto 1, 184, 1 s. – Ctesias de Cnido *FGrHist* 688 F 1 b en Diodoro 2, 7, 2 ss.; cf. Curcio Rufo 5, 1, 24 ss. – Clitarco *FGrHist* 137 F 10 en Diodoro ibíd. – Estrabón 16, 1, 5 C 738 (probablemente según Onesícrito *FGrHist* 134). – Beroso *FGrHist* 680 F 8 en Flavio Josefo, *contra Apionem* 1, 135 ss. y *antiquitates* 10, 220 ss. – Filón de Bizancio 5.

4. *Los Jardines Colgantes de Babilonia*

Homero, Odisea 7, 81 ss. – Nabucodonosor II, Inscripción sobre la Gran Piedra (como *supra),* col. 8 1. 54 ss., ed. Langdon pág. 139; D.J. Wiseman, *Nebuchadrezzar and Babylon.* Oxford 1985, 56 s. – Curcio Rufo 5, 1, 32 ss.; al respecto J. E. Atkinson, A *Commentary on Q. Curtius Rufus 'Historiae Alexandri Magni':* Books 5 to 7, 2. (Acta Classica [Sudáfrica] Suppl. 1) Amsterdam 1994, 36 ss. (contra la utilización de Ctesias). – Estrabón 16, 1, 5

C 738 (probablemente según Onesícrito *FGrHist* 134). – Diodoro 2, 10, 1 ss. – Beroso FGrHist 680 F 8 en Flavio Josefo, *contra Apionem* 1, 140 s. y *antiquitates* 10, 225 s. – Filón de Bizancio 1. – Plinio 19, 49. Cf. K. Brodersen en: H. Sarkowicz (ed.), *Die Geschichte der Gärten und Parks.* Frankfurt/Main 1998, 38-49.

5. *La Estatua de Zeus en Olimpia*

Calímaco: *Frg.* 196 Pf. – Estrabón 8, 3, 30 C 353 con citas de Homero, *Ilíada* 1, 528 ss. y 8, 199; sobre la inspiración en Homero cf. también Macrobio, *Saturnalia* 5, 13, 23. – Plinio 34, 54. – Epicteto, *Disertaciones* (Arriano) 1, 6, 23. – Pausanias 5, 10, 2 (inicio del recorrido), 5, 11, 1 ss. (estatua) y 5, 15, 1 (taller de Fidias). – Inscripción de Pantarques en el dedo de la estatua: Clemente de Alejandría, *Protrept.* 4, 53, 4. – Cicerón, *Orator* 2. 8 s. – Dión Crisóstomo, *Discurso* 12, 50 s. (con una cita de Homero, *Odisea* 4, 221) y 74 ss. – Historias maravillosas: Pausanias 5, 11, 9; Suetonio, Calígula 22,3 y 57, 1; cf. Flavio Josefo, *antiquitates* 19, 8 s. y Casio Dión 59, 28, 3 s. – Caída: Dión Crisóstomo ibid. 85 cita a Homero, *Odisea* 24, 249. – Restauración: Pausanias 4, 31, 6. – Robo de los rizos: Luciano 21 (*Iuppiter tragoedus*), 25. – Filón de Bizancio 3.

6. *El Templo de Ártemis en Éfeso*

Plinio 34, 53. – Plinio 36, 95 ss. – Inscripciones de Creso: K. Brodersen, *Historische griechische Inschriften in Übersetzung* I. (Texte zur Forschung 59) Darmstadt 1992, 9 núm. 12. – Valerio Máximo 8, 14, ext. 5; cf. Aulo Gelio

2, 6, 18. – Nacimiento de Alejandro: Cicerón, *De natura deorum* 2, 69 y *De divinatione* 1, 47; Plutarco, *Alejandro* 3, 5 ss. – Estrabón 14, 1, 22 C 640 s. – Hechos de los Apóstoles 19, 23 ss. – Pausanias 4, 31, 8. – Antípatro: *Anthologia Palatina* 9, 790. – Filón de Bizancio 6.

7. *El Mausoleo de Halicarnaso*

Artemisia como reina: Diodoro 16, 36, 2. – Vitrubio 7, pr. 13. – Plinio 36, 30 s.; al respecto K. Jeppesen, *The Maussoleion at Halikarnassos II: The written sources.* Aarhus 1986. – Cicerón, *Tusc.* 3, 31. 75. – Pausanias 8. 16, 4. – El Mausoleo como maravilla: Datos en S. Hornblower, *Mausolus.* Oxford 1982, 223 ss. – Luciano 77 *(Dial. mort.)*, 29 (24), 1 s. – Valerio Máximo 4, 6, ext. 1; cf. Con más detalle Aulo Gelio 10, 18.

8. *El Coloso de Helios en Rodas*

Estrabón 14, 2, 5 C 652. – Sexto Empírico, *Adv. mathemat.* 7, 106 s. – *Anthologia Palatina* 6, 171; cf. *Suda* s.v. Kolassaeis. – Estrabón ibíd. (con cita parcial de *Anthologia Palatina* 16, 82). – Polibio 5, 88, 1. – *Scholia a Platón,* Philebos 15 c. – Plinio 34, 41. – Filón de Bizancio 4. – 980 Camellos: Constantino Porfirogénito, *De adm. imp.* 21, 65 pág. 88 Moravcsik; un error – correcto sería «90» – suponen los autores en R. J. H. Jenkins (ed.), *Constantine Porphyrogenitus, De administrando imperio II: Commentary.* London 1962, 77. – Shakespeare, *Julio César* Acto I, escena 2.ª, 134 ss. – Cf. aquí: W. Hoepfner, «Der Koloß von Rhodos». Archäologischer Anzeiger 2000, 129 ss. – U. Vedder, «Der Koloß von Rhodos». Nürnberger Blätter zur Archäologie 16, 1999/2000, 23ss. – W. Hoepfner, *Der Koloss von Rhodos und die Bauten des Helios.* Mainz 2003.

9. *Maravillas del mundo paganas y cristianas*

Gregorio de Nacianzo, *Epigramma* 50 = *Anthologia Palatina* 8, 177; al respecto Cosme de Jerusalén PG 38, 545 ss. (con referencia a Homero, *Odisea* 7, 112) y *Codex Palatinus* gr. 23 pág. 250; que se refiera aquí a las tumbas reales en Nemrud Dagh lo apuntó L. Robert: «Geographie et philologie ou la terre et la papier» (1970). en: ídem, *Opera Minora Selecta IV*, Amsterdam 1974, 383-403, spec. 396. – Gregorio de Nacianzo, *Discurso* 43, 63; al respecto Comentarios del Ps. Nono en el *Codex Vallicellanus* 47, fol. 55v et al. y *Scholia Alexandrina en el Codex Taurinensis* B I 4, fol. 35v et al. – El coloso de Memnón: Tácito, Ann. 2, 61; *Historia Augusta*, Septimio Severo 17. – Basilio Mínimo: *Codex Laurentianus* IV 13, fol. 54v et al. – Nicetas de Heraclea, *commentarii* pág. 188 C con referencia a Heródoto 2, 124 y Aristóteles, *Frg. fals.* 20. – Epigrama sobre el palacio de Anastasio: *Anthologia Palatina* 9, 656. – Gregorio de Tours, *De cursu stellarum* 1 ss. con referencia a *Génesis* 6, 14 ss., Orosio, *hist.* 2, 6, 8 y I *Reyes* 6, 15 ss. – Ps.Beda el Venerable *PL* 90, 961 s. – Eustacio de Tesalónica sobre Homero, *Odisea* 9, 190 y sobre Dionisio Periegeta v. 504 y v. 1005. – Jorge Cedreno, *Synopsis Historion* I pág. 299 B; Autor anónimo: *Codex Baroccianus* 68, fol. 76v. – Ocho espectáculos: *Codex Ambrosianus* gr. 886 fol. 180v. – Treinta maravillas del mundo: *Codex Vaticanus* gr. 989, fol. 144r.

10. *El renacimiento de las maravillas del mundo*

Sanguinatio: Berlin, *Ms. Phillipicum* 1524, fol. 48v-49r. – Policiano: I. del Lungo, *Angelo Poliziano: Le selve e la strega.* Florencia 1925, selve v. 319 ss. (agradezco la referencia al profesor Dr. R. Kassel, Colonia), y Angelo Poliziano, *Silvae, edited and translated by Charles Fantazzi*, Harvard University Press, 2004, pág. XII y 24 s. – Th. Fowler, *The History of Corpus Christi College.* Oxford 1893, 52 (agradezco la referencia al Dr. St. Harrison, Oxford). – Adriaen de Jonghe: *Poëmatum Hadriani Iunii Hornani medici liber primus.* Leiden: L. Elzevir 1598, 177 s. – Cf. ahora las aportaciones en M. Kunze (ed.), *Die Sieben Weltwunder der Antike: Wege der Wiedergewinnung aus sechs Jahrhunderten.* (Winckelmann-Museum Stendal), Mainz 2003.

Bibliografía

Textos antiguos en torno a las Siete Maravillas

Nuestra idea de las Siete Maravillas del mundo se la debemos, sobre todo, a las obras de algunos autores antiguos. En las diversas traducciones de este libro, cuyo objetivo ha sido transmitir una reproducción fiel de los textos que nos han llegado, se han marcado las omisiones con [...] y todos los añadidos introducidos por el autor o el traductor para una mejor comprensión del texto aparecen entre corchetes. Todos los textos traducidos en esta edición han sido vertidos directamente de sus originales por Javier Martínez.

Para leer los textos completos en traducción, remitimos a las siguientes publicaciones:

Diodoro de Sicilia, *Biblioteca Histórica*, 4 vols., trad. J. J. Torres Esbarranch, Gredos, Madrid 2001-2008.

Estrabón, *Geografía*, trad. J. L. García Ramón, J. García Blanco, J. Vela *et al.*, Gredos, Madrid 1991. (Hasta el momento hay publicados tres volúmenes, que abarcan del libro I al XIV.)

FILÓN DE BIZANCIO: *Philon von Byzanz:* K. Brodersen, Reiseführer zu den Sieben Weltwundern. *Philon von Byzanz* und andere antike Texte. (Insel-Taschenbuch 1392) Frankfurt/Main y Leipzig 1992.

HERÓDOTO, *Historia,* 5 vols., trad. C. Schrader, Gredos, Madrid 1977-1986. También ídem, *Historia,* trad. de M. Balasch, Cátedra, Madrid, 1999.

PAUSANIAS, *Descripción de Grecia,* 3 vols., Trad. M.ª. C. Herrero, Gredos, Madrid 1994.

PLINIO, *Textos de historia del arte* [libros 34, 35 y 36 de la *Historia natural]*, Antonio Machado Libros, 2001[2].]

Para consulta general puede acudirse a:

Metzler Lexikon Antike, ed. de K. Brodersen y B. Zimmermann. Stuttgart y Weimar 2006[2].

TEXTOS MODERNOS EN TORNO A LAS SIETE MARAVILLAS DEL MUNDO

Filón y las listas de maravillas del mundo

L. ALLACI, *Philo Byzantius de Septem orbis spectaculis Leonis Allatii opera nunc primum Graece & Latine prodit, cum notis.* Roma: Mascardi 1640.

J. K. ORELLI, *Philonis Byzantini libellus de Septem orbis spectaculis.* Leipzig 1816.

R. HERCHER, *Aeliani de natura animalium etc.* París: Didot 1858, pág. 101 ss.

H. OMONT, «Les sept merveilles du monde au moyen age». Bibliothèque de l'école des Chartes 43, 1882, 40-59.

H. SCHOTT, *De Septem orbis spectaculis quaestiones.* Diss. Munich (Ansbach) 1891.

M. ARNIM, *De Philonis Byzantii dicendi genere.* Diss. Greifswald 1912.

W. KROLL, «Philon» 49. En: *Realencyclopädie der classischen Altertumswissenschaf,* Suppl. XX 1. Stuttgart 1941, 54-55.

A. DILLER, *The Tradition of the Minor Greek Geographers.* (Philological Monographs 14) Lancaster PA y Oxford 1952, 3 ss.

J. £ANOWSKI, «Weltwunder». En: *Realencyclopädie der classischen Altertumswissenschaf,* Suppl. X. Stuttgart 1965, 1020-30.

—, «Les listes des merveilles du monde 'grecques' et 'romaines'». En: P. Oliva und A. Frolíková (eds.), *Concilium Eirene XVI.* Vol. II Praga 1983, 182-86.

—, «Zum Werk des Philon von Byzanz». *Eos* 73, 1985, 31-47.

K. BRODERSEN, *Reiseführer zu den Sieben Weltwundern: Philon von Byzanz und andere antike Texte.* (Insel-Taschenbuch 1392) Frankfurt/Main y Leipzig 1992.

Sobre el número siete

W. H. ROSCHER, «Die Sieben- und Neunzahl im Kultus und Mythus der Griechen». (*Abhandlungen der phil.-hist. Klasse der königl. sächs. Gesellschaft der Wissenschaften* 24, 1) Leipzig 1904.

—, «Die Hebdomadenlehren der griechischen Philosophen und Ärzte». (Ibid. 24, 6) Leipzig 1906.

D. MATZ, *Ancient World Lists and Numbers: Numerical Phrases and Rosters in the Greco-Roman Civilizations.* Jefferson NC y Londres 1995, 49 ss.

Literatura científica y de divulgación

H. v. ROHDEN, *De mundi miraculis quaestiones selectae.* Diss. Bonn 1875.

K.B. STARK, «König Maussollos und das Mausoleum von Halikarnass». En: ídem, *Vorträge und Aufsätze aus dem Gebiete der Archäologie und Kunstgeschichte.* Leipzig 1880, 174-217 y 456-77.

E. J. BANKS, *The Seven Wonders of the Ancient World.* Nueva York y Londres 1916.

L. FRIEDLÄNDER, *Darstellungen aus der Sittengeschichte Roms I.* 10. Aufl. v. G. Wissowa. Leipzig 1922, 446 s.

O. WEINREICH, *Studien zu Martial.* (Tübinger Beiträge zur Altertumswissenschaft 4) Stuttgart 1928, 1 ss.

R. GOSTKOWSKI, «Siedm cudów świata». *Kwartalnik Klasyczny* 2, 1928, 391-40.

F. KRISCHEN, *Weltwunder der Baukunst in Babylonien und Jonien.* Tübingen 1956.

D. E. L. HAYNES, «Philo of Byzantium and the Colossus of Rhodes». *Journal of Hellenic Studies* 77, 1957, 311-12.

A. MÜLLER y R. AMMON. *Die Sieben Weltwunder. 5000 Jahre Kultur und Geschichte der Antike.* Múnich 1966.

V. ZAMAROVSK´Y, *Die Sieben Weltwunder. Zeugnisse großer Kulturen.* München 1966; otra traducción: *Den Sieben Weltwundern auf der Spur.* Leipzig 1981.

M. DAWID, *Weltwunder der Antike: Baukunst und Plastik.* Frankfurt/Main e Innsbruck 1968.

Th. DOMBART, *Die Sieben Weltwunder des Altertums.* Muncih 1970^{2}.

M. ASHLEY, *The Seven Wonders of the World.* Glasgow 1980.

W. EKSCHMITT, *Die Sieben Weltwunder. Ihre Erbauung, Zerstörung und Wiederentdeckung.* Mainz 1984; 1996^{10}.

V. ROSSI, *Le sette meraviglie del mondo. I monumenti, i siti, gli artefici e la loro fine.* Pisa 1985.

J. ISAGER, «Plinio il Vecchio e le meraviglie di Roma». *Analecta Romana Instituti Danici* 15, 1986, 37-50.

P. A. CLAYTON y M. J. PRICE (eds.), *The Seven Wonders of the Ancient World*. Londres 1988.

J.-P. ADAM y N. BLANC, *Les sept merveilles du monde*. París 1989.

M.-A. y Y. CALVET, «Babylone, merveille du monde». En: R. Etienne et al. (eds.), *Architecture et poesie dans le monde grec: Hommage à Georges Roux*. Lyon y París 1989, 91-106.

K. BRODERSEN, «Ein Weltwunder der Antike in Iran». *Archäologische Mitteilungen aus Iran* N.F. 24, 1991, 51-53.

—, «Ein Weltwunder auf Gläsernen Füßen: Der Pharos von Alexandria». *Antike Welt* 24, 1993, 207-11.

E. BAUER, *Die Sieben Weltwunder*. Augsburg 1994.

U. SEZGIN, «Pharaonische Wunderwerke, 5 Teile». *Zeitschrift für Geschichte der arabisch-islamischen Wissenschaften* 9, 1994 bis 16, 2004/5 (sobre la pervivencia de las maravillas en Oriente, que merecía un tratado propio).

J. y E. ROMER, *The Seven Wonders of the World: A History of the Modern Imagination*. Londres 1995.

Las Siete Maravillas del mundo en imágenes

G. BRETT, «The Seven Wonders of the World in the Renaissance». *Art Quarterly* 12, 1949, 339-59.

HEEMSKERCK Maarten van: *8 Kupferstiche nach Maarten van Heemskerck von Philips Galle 1572* (las figuras 3-10 reproducen la primera [no numerada] de las tres ediciones).

Th. KERRICH, *A Catalogue of the Prints which have been engraved after Martin Heemskerck*. Cambridge 1829, 104 ss.

F. W. H. Hollstein, *Dutch and Flemish Etchings, Engravings and Woodcuts VII*. Amsterdam o. J., Nr. 414-21.

I. M. Veldman, *Maarten van Heemskerck and Dutch Humanism in the Sixteenth Century*. Amsterdam 1977.

A. Dolders, *Philips Galle*. (The Illustrated Bartsch 56) Nueva York 1987, Nr. 5601.101:1-8.

I. M. Veldman, *Maarten van Heemskerck II*. (The New Hollstein) Rosendaal 1994, 192-97, Nr. 513-20.

H. Walravens, «Die Sieben Weltwunder in chinesischer Darstellung». *Oriens Extremus* 17, 1970, 101-124 (sobre los dibujos de Heemskerck reelaborados por F. Verbiest/Nan Huai-jen).

Blaeuw Willem Janszoon: *Nova Totius Terrarum Orbis Geographica Ac Hydrographica Tabula auct. Gul. Jansonio; Ja. van den Ende sculpsit. Amsterdam 1606.*

R. W. Shirley, The Mapping of the World. Londres 1983, 270 s. núm.255 y PI. 201.

Tempesta Antonio: *Septem orbis admiranda ... in aereas tabulas ... relata, a Iusto Rychio Gandense versibus celebrata. Rom 1608.*

S. Buffa, «Antonio Tempesta». (*The Illustrated Bartsch* 37) Nueva York 1984, 289 ss. núms. 1453[1-1459.

Passe el Viejo Crispijn de: *7 Kupferstiche nach Maarten de Vos 1614*. J. Verbeek und I. M. Veldman, *Hollstein's Dutch and Flemish Etchings, Engravings and Woodcuts XVI*. Amsterdam 1974, 72-78 ab.

von Erlach Johann Bernhard Fischer: *Entwürff einer historischen Architectur*. Viena 1721.

G. Kunoth, «Die Historische Architektur Fischers von Erlach». (*Bonner Beiträge zur Kunstwissenschaft* 5) Düsseldorf 1956, 27 ss.

H. Lorenz, *Johann Bernhard Fischer von Erlach*. Zúrich, Múnich y Londres 1992, 42 ss.

Procedencia de las ilustraciones

Fig. 1: Mapa: El mundo de las Siete Maravillas

Fig. 2: Septem Mira: Relación de las maravillas del mundo en el *Codex Vaticanus latinus* 4929, fol. 149v

Fig. 3-10: Maarten van Heemskerck, *Las maravillas del mundo* (1572); ocho grabados sobre cobre de Philips Galle

- *Fig. 3:* Las Pirámides de Egipto
- *Fig. 4:* Las Murallas de Babilonia
- *Fig. 5:* La Estatua de Zeus en Olimpia
- *Fig. 6:* El Templo de Ártemis en Éfeso
- *Fig. 7:* El Mausoleo de Halicarnaso
- *Fig. 8:* El Coloso de Helios en Rodas
- *Fig. 9:* El Faro de Alejandría
- *Fig. 10:* El Coliseo de Roma

Agradezco el amable permiso concedido para reproducir las ilustraciones a la Bibliotheca Apostolica Vaticana en Roma-Ciudad del Vaticano (Fig.2) y a la Staatliche Graphische Sammlung de Múnich (Figs. 3-10).

He recibido consejo y ayuda del Dr. Michael Schroeder (Frankfurt/Main), de Elsbeth Seibert (Pirmasens), del profesor Dr. Jakob Seibert (Maisach), de Stefan Spenner (Marburgo) y, sobre todo, del Dr. Stefan von der Lahr (Múnich).

Índice onomástico

Índice general

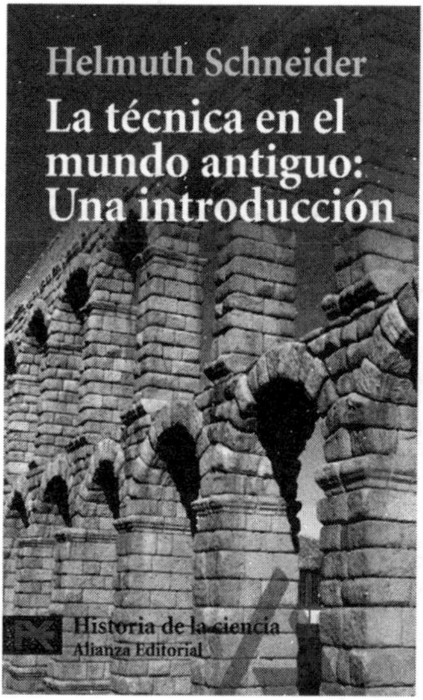

Helmuth Schneider

La técnica en el mundo antiguo: una introducción

CT 2518

Entendida como el conjunto de «todo tipo de artefactos, sistemas, procedimientos y acciones humanas que se aplican en la obtención y transformación de materiales, así como la producción de nuevos artefactos con el fin de su aprovechamiento», la técnica es un ámbito de conocimiento capital en el desarrollo de la civilización. LA TÉCNICA EN EL MUNDO ANTIGUO: UNA INTRODUCCIÓN nos da un panorama conciso y completo de los principales recursos y logros del mundo grecorromano, que, heredero de procedimientos y herramientas ya inventados en Egipto y el Próximo Oriente, amplió las posibilidades técnicas en profundidad y puso los fundamentos para los posteriores avances técnicos en la Europa medieval y premoderna. Con capítulos específicos dedicados a la agricultura, los metales, la sal, la artesanía, la construcción, el transporte, las infraestructuras, la comunicación, la mecánica y la medida del tiempo y la técnica militar, HELMUTH SCHNEIDER nos ofrece una obra de suma utilidad tanto para el estudiante del mundo antiguo como para el aficionado al mismo.

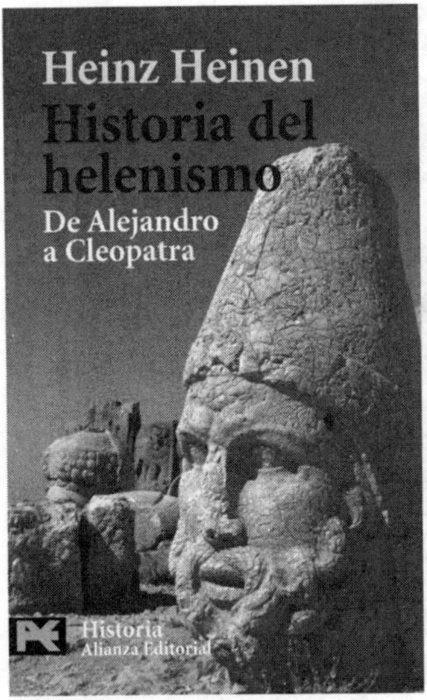

Heinz Heinen

Historia del helenismo

De Alejandro a Cleopatra

H 4249

Escrita por el profesor HEINZ HEINEN, uno de los más destacados especialistas en la materia, esta HISTORIA DEL HELENISMO es una síntesis clara y completa de un periodo de la Historia Antigua especialmente complejo tanto por la magnitud del espacio geográfico como por las turbulentas y cambiantes alternativas políticas que abarca. Heinen da una visión amplia de este periodo, situándolo DE ALEJANDRO A CLEOPATRA y divide el libro en tres partes: la primera expone las grandes líneas del desarrollo histórico desde la conquista del Imperio persa a cargo de Alejandro, el reparto del mismo entre sus generales (los «diádocos») tras su muerte y la fundación de sus distintas dinastías (Seléucidas, Tolomeos, Atálidas...), la expansión de romanos y partos, y el fin del último Estado helenístico: el Egipto de los Tolomeos. En la segunda parte, se presentan las regiones más importantes del mundo helenístico, para proporcionar una idea de su variedad y de sus distintas tradiciones, haciendo hincapié en su orden político, su economía y su sociedad. La parte final se consagra a la cultura y la religión, marcadas a menudo por la fusión, a través de Grecia, del pujante Imperio romano y las declinantes monarquías orientales.

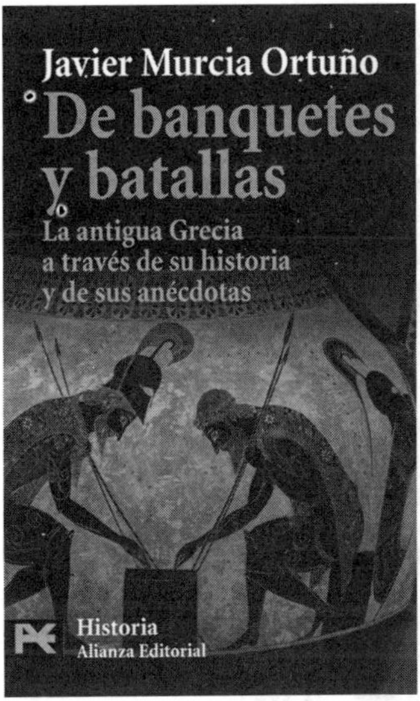

Javier Murcia Ortuño

De banquetes y batallas

La antigua Grecia a través de su historia y de sus anécdotas

H 4254

Libro ameno y riguroso que hará las delicias de todo lector interesado por el mundo clásico, DE BANQUETES Y BATALLAS ofrece una panorámica singular del mundo griego antiguo desde la época homérica hasta los tiempos en que la presencia romana empieza ya a columbrarse en los territorios helenos. Apoyándose invariablemente en los textos antiguos –lo que lo hace una mina de información y un compendio inestimable–, JAVIER MURCIA ORTUÑO elabora una magnífica introducción a LA ANTIGUA GRECIA A TRAVÉS DE SU HISTORIA Y DE SUS ANÉCDOTAS. La obra, que admite tanto la lectura de un tirón como su frecuentación ocasional, recrea cada época mediante los hitos más importantes de la misma y hace referencia a todas las situaciones por las que Grecia es el paradigma cultural de Europa, dando voz, como apunta en su presentación Antonio Lillo, a los textos clásicos. Un completo índice onomástico hace de ella, asimismo, una útil herramienta de consulta que permitirá localizar rápidamente más de una referencia olvidada.

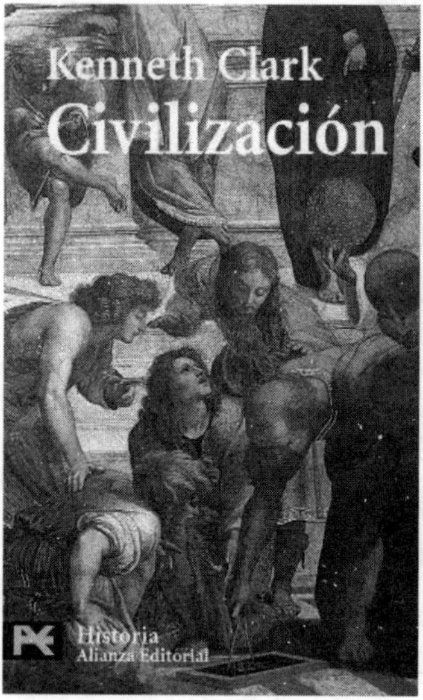

Kenneth Clark

Civilización

H 4228

El presente libro tiene su semilla en la serie documental televisiva de extraordinario éxito en la que el eminente profesor, crítico e historiador del arte KENNETH CLARK expuso su visión de las grandes corrientes de avance de la conciencia europea y los momentos cruciales de su despliegue, desde la caída del Imperio Romano hasta la época contemporánea. El ensayo analiza los grandes logros de nuestra CIVILIZACIÓN en arquitectura, escultura y pintura, en filosofía, poesía y música, en ciencia y en ingeniería, a fin de subrayar sus nexos internos y su matriz común. En el prólogo especialmente escrito para esta edición española, el autor señala que su propósito no fue escribir una historia del arte –en cuyo caso «España habría desempeñado un papel grande»–, sino esbozar una síntesis del nacimiento y desarrollo del espíritu europeo, en la que las referencias a las obras de arte, como materialización de los valores culturales y de las ideas y creencias de los hombres, resultan de todo punto imprescindibles.

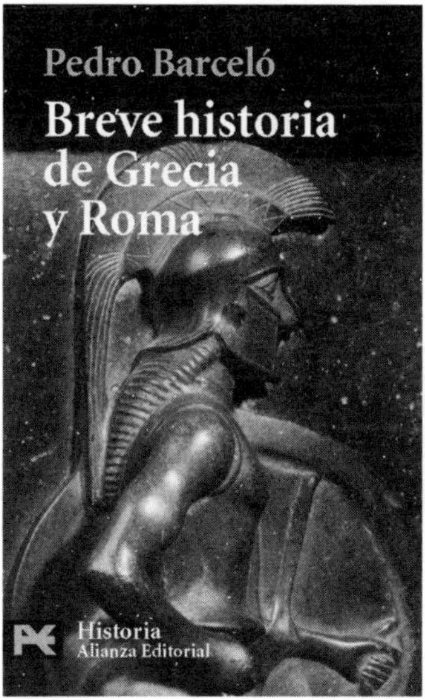

Pedro Barceló

Breve historia de Grecia y Roma

H 4202

Libro no sólo destinado a los estudiosos de la historia, sino concebido asimismo para satisfacer a todo aquel que quiera simplemente informarse sobre cuestiones políticas, religiosas, económicas, sociales y culturales del mundo antiguo, esta BREVE HISTORIA DE GRECIA Y ROMA se plantea como misión ofrecer un primer punto de referencia que permita al lector situarse en el ámbito de las múltiples manifestaciones históricas de la Antigüedad, proporcionándole al mismo tiempo un máximo de perspectivas y opciones que le faciliten acercarse a los temas tratados. Consciente de la imposibilidad de ser exhaustivo, y guiado por la idea de fomentar una visión general sobre los temas más característicos del mundo clásico, PEDRO BARCELÓ propone en esta obra –modelo de concisión y rigor expositivo– una vía inmejorable para penetrar en esta apasionante área de conocimiento. Un apéndice dedicado a la Península Ibérica traza las líneas de la inserción de ésta en las corrientes dominantes del mundo antiguo.